AF223913

LES
CAROTTES SUPÉRIEURES.

SCÈNE COMIQUE.

Chantée par M. ACHARD,

Au Théâtre du Palais-Royal.

Paroles de M. BOUTIN. Musique de M. CONSTANTIN de Verdun.

La Musique se trouve chez M. Nadaud, 7, galerie de la Bourse, passage des Panoramas.

———❖———

Dis-moi, Chateaurou dit Bell'face,
L'or pouss' fort peu dans ces climats.
Pour nous r'faire un peu la calbasse,
Faudrait queuqu' fricot délicat.
Dans c'te garnison ci
Je deviens taciturn' et malingre;
L' crédit est raccourci,
Le bourgeois en tout est un pingre.

(Parlé.) Quand on pense qu'hier j'ai évu l'affront de me voir refuser le crédit d'un poisson de dur, chez Bellant, au Hanneton huppé. Écris séparément à toute

3e v.   1re *livraison.*

ma famille! bons jobars, melons d'espèce et cantaloux renforcés qui n'ont en aucune circonstance inventé le fil à couper le beurre.... Un crime affreux, abominable, vient de jeter la consternation dans la ville que nous résidons. Mon camarade intime, le nommé Pierre Gruard, garçon de vingt-un ans, de la plus grande beauté, de la plus excessive douceur, incapable de donner un soufflet à un lapin, ayant eu le malheur de voir sa maîtresse causer avec un jeune homme, se jetta sur eux, et les périt; depuis ce temps, il est devenu fou furieux à lier; je le tiens enfermé dans une cave lui faisant passer ses aliments par le soupirail. Mes moyens ne me permettant plus de le nourrir à rien faire, je vous prie de m'envoyer un peu d'argent pour le guérir ou, si vous l'aimez mieux, rendez-moi le service de le faire traiter vous-même; je l'expédirai dans une cage de fer, de peur d'accident. J'attends l'argent ou la réponse courrier par courrier. Votre neveu Louis Lardent, trompette au premier hussard.

V'là, j' crois un' carrott' supérieure,
Un vrai nanan, un fin ragoût.
S'il faut leur z'en coller d' meilleure,
C'est qu' les pékins n' sont plus en goût.   (ter.)

Sur la trompett', ça doit vous plaire,
Et je vous en donn' mon billet,
Je joue la fanfar' militaire
Comme un poseur de robinet.

Mes chers parents ainsi
Chassez des idées importunes,
Apercevez d'ici
Dans mon instrument vos fortunes.

(*Parlé.*) Mais je dois vous prévenir d'un accident terrible qui vient de m'arriver à l'ordinaire du quartier. Ayant mangé sans précaution d'une excellente matelotte, un os de carpe s'a fiché en travers dans mon gosier et il me fait perdre un temps précieux sous le rapport du travail de mon instrument ; car il m'empêche de parler et me force de m'emparer de la plume pour vous écrire par la main d'un ami ; comme on ne reçoit pas à l'hôpital ce genre de maladie, je suis obligé de me faire soigner chez moi, c'est-à-dire à la caserne, ce qui me revient fort cher. Vu le manque de médecins dans la ville de Béziers, je me fais traiter par un excellent homme de beaucoup de talent, qui est vétérinaire chez nous ; il m'ordonne quantité de boissons et d'*espiritueux* pour faire décrocher le satané os en question, et qu'il goûte avec moi toutes les portions liquides. Si vous pouviez me faire passer quelque argent pour me soigner, vous me rendriez bien service. Envoyez-moi le montant par l'estafette.

V'là, j' crois, etc.

Les lions, les tigres, les panthères,
Les loups, les lapins, les harengs.
Ces animaux dans leurs tanières,
Rêvent avec amour leurs parents.

Que n'suis-je m'lon ou poireau,
Que n'ai-je un cœur de gard'-malade,
Du biberon Darbo
Que n'ai-je sucé la castonade.

(*Parlé*.) Je serais dispensé de toute reconnaissance filiale, mon enfance ayant été humectée par ces nourrices de fabrique brevetées; mais je n'ai point puisé mes sentiments à cette source anti-maternelle, car le désir, le besoin de vous revoir, il m'a fait passer la jambe à la discipline militaire sans autre forme de politesse, ni vu ni connu, allez vous promener, ce qui veut dire que j'ai *désalté*, mais dans l'intention de vous revoir plus tôt. Arrivé aux portes de la ville, je fus été arrêté, reconduit de brigade en brigade, un baillon dans la bouche, les fers aux pieds, aux mains et aux yeux, étant obligé de me nourrir, en route, de cailloux, terre de pipe et autres plantes vénimeuses, encore ne me laissait-on restaurer à discrétion dans la crainte que l'excès ne soit pernicieuse à mon estomac trop délicate. Mon jugement il sera instruit sous peu; mais rassurez-vous, tendres parents, si vous pouviez me faire passer dix-sept francs, je suis sûr de faire fermer la bouche sur cette affaire. J'attends cette misère par la grande poste.

V'là, j' crois, etc.

Sur les cousins null' plaisanterie,
J' n'en voudrai jamais pour un sou;
C' qui fait qu'hier dans ma furie,
J'ai par malheur joué du coup'chou.

Un galopin d'farceur
Avait l'air d' vous tourner z'en blague.
J'avais vu la couleur.
Mais j' lui pardonn', il est dans l' vague.

(*Parlé.*) Du premier coup de bancal il était passé et reguisé *cat in pace*, mais le duel, il n'étant plus dans nos mœurs sociales, je suis été transvidé dans un obscur cachot, où je vis en compagnie de rats, serpents, reptiles, et autre ingrédïens qui me taquinent à l'infini. La famille du défunt en question, dont il était à la fois la gloire, l'honneur, l'espérance et le soutien, réclame, pour faire cesser ses poursuites et ses regrets éternels, la somme de treize francs cinquante que j'attends de vous en trépignant d'impatience. Envoyez-moi le montant si vous pouvez, avant le reçu de la présente, par le télégraphe.

V'là, j' crois, etc.

Hier, en descendant la garde,
J'en avais écrasé un grain;
Ça me frappait sur la cocarde
Et mes jamb's festonnaient l' terrain.
J'étais ben attrapé,
Buvant avec un camarade,
L' soleil m'avait tapé,
J'étais tourné z'à la poivrade.

(*Parlé.*) Casquette comme père et mère, je peux même ajouter pochard premier numéro, ce que voyant

un brigadier, il me fit des reproches paternels à faire
suer des yeux tout être non imbibé, mais, insensible à
tout sentiment humain, j'osai insulter ce père du soldat, tirer mon arme et lui lever desur. Le code militaire,
qui plaisante le compte tout juste, me fit condamner à
mort; que je dois être fusillé demain matin, à six heures
précises; que la présente vous serve de billet de faire
part. Si je vous ai causé quelques chagrins involon-
taires, c'est le moment ou jamais de m'accorder un généreux pardon; *surtout respectez les dernières volontés
d'un mourant*, ne voulant en rien faire honte à ma famille et que les choses soient faites gentiment, je vous
prie, à l'instant même (de peur de mort subite), de
m'envoyer de quoi me faire enterrer convenablement.
A vous mon dernier soupir.

> V'là, j' crois, un' carott' supérieure;
> Un vrai nanan, un fin ragoût.
> On n' peut plus en coller d' meilleure,
> Ou les pékins n' sont plus en goût.　　　(ter.)

(Propriété de l'Editeur.)

GASTIBELZA

LE FOU DE TOLÈDE.

CHANSON D'ESPAGNE.

Paroles de M. VICTOR HUGO. — Musique de MONPOU.

La Musique se trouve chez M. J. Meissonnier,
22, rue Dauphine.

Gastibelza, l'homme à la carabine,
 Chantait ainsi :
« Quelqu'un a-t-il connu dona Sabine?
 Quelqu'un d'ici ?
Dansez, chantez, villageois! la nuit gagne
 Le mont Falou.—
Le vent qui vient à travers la montagne
 Me rendra fou!
 Oui, me rendra fou.

« Vraiment, la reine eût près d'elle été laide
 Quand, vers le soir,
Elle passait dans les rues de Tolède
 En corset noir.
Un chapelet du temps de Charlemagne
 Ornait son cou... —

Le vent qui vient à travers la montagne
Me rendra fou !
Oui, me rendra fou.

« Le roi disait, en la voyant si belle,
A son neveu,
« Pour un baiser, pour un sourire d'elle,
« Pour un cheveu,
« Pour un regard, je donnerais l'Espagne
« Et le Pérou ! » —
Le vent qui vient à travers la montagne
Me rendra fou !
Oui, me rendra fou.

Dansez, chantez, villageois, la nuit tombe !
Sabine un jour,
A tout donné, sa beauté de colombe
Et son amour,
Pour l'anneau d'or du comte de Saldagne,
Pour un bijou !... —
Le vent qui vient à travers la montagne
M'a rendu fou !
Oui, m'a rendu fou.

ASMODÉE

OU LE VOYAGE NOCTURNE.

Paroles et Musique de M. L. FESTEAU.

La Musique se trouve chez l'Editeur, rue Notre-Dame-de-Nazareth, 32.

Air *de la* **Féc.** (Béranger).

Hier, à l'heure où l'étoile scintille,
J'étais plongé dans un sommeil profond;
Un petit diable, armé d'une béquille,
Dans mon grenier entra par le plafond.
Ayant, dit-il, de rêver à la noce,
Ami, veux-tu choisir dans les houris
Que l'amour sème en ce vaste Paris?..
Partons! lui dis-je en sautant sur sa bosse.

Bon Asmodée, allons, allons toujours,
Cherchons ailleurs l'hymen et les amours.

Par la fenêtre, après un vol rapide,
Nous nous perchons sur un brillant palais :
De là, je vois une imposante Armide
Menant au doigt ses femmes, ses valets;

D'adorateurs une petite armée
A genoux flatte et son âme et ses sens ;
Sous les lambris où l'orgueil vit d'encens
Le vrai bonheur s'évapore en fumée...

Bon Asmodée, etc.

Un peu plus loin, sémillante et coquette,
Clara consulte un complaisant miroir ;
Un art cruel préside à sa toilette
Où tout se cache et se laisse entrevoir ;
Devant la glace, enjouée, ingénue,
Elle s'assied, pleure et rit aux éclats :
C'est l'oiseleur apprêtant ses appâts :
Gare au moineau que retiendra la glue !!.. (1).

Bon Asmodée, etc.

Plus haut, que vois-je ? un salon à l'antique ;
Sur un divan repose une *Clairon*,
Qui, suspendant sa tirade tragique,
S'est endormie en maudissant Néron :
Sous le manteau de Phèdre ou de Lucrèce,
Qu'elle est superbe et qu'elle a de talents !
Hélas ! hélas ! pourquoi depuis vingt ans
Rend-elle heureux les Romains et la Grèce ?

Bon Asmodée, etc.

____

(1) Boiste autorise *glue*.

A la lueur d'une pâle veilleuse
 Zoé dévore un lourd in-octavo ;
Ses yeux sont vifs, sa pose est gracieuse ;
Chez elle s'ouvre... un sentiment nouveau.
Furtivement cette tendre vestale,
Dont le cœur cherche et poursuit un époux,
Prend chez *Ricard* son style à billet doux,
Et chez *de Kock* des leçons de morale.

Bon Asmodée, etc.

Là-bas, drapant son foulard, sa pelisse,
Marche une femme au regard inspiré ;
Elle est en feu, comme la Pythonisse
Improvisant sur le trépied sacré :
C'est une Muse à la voix creuse et mâle ;
Dans sa mansarde est l'immortel vallon ;
En y grimpant, l'amante d'Apollon
A déchiré sa robe virginale.

Bon Asmodée, etc.

Que vois-je encor ? c'est une jeune artiste
Aux doigts légers, aux modestes atours ;
Son noir crayon, fidèle anatomiste,
D'un Spartacus arrondit les contours ;
Dans chaque trait, chaque ombre, chaque ligne,
On aperçoit son goût pour les beaux arts ;

Rien n'est omis, tout s'offre à nos regards,
Tout... jusqu'aux plis de la feuille de vigne.

Bon Asmodée, etc.

Là, qu'aperçois-je auprès d'une croisée?...
C'est une vierge aux mourantes couleurs
Veillant la nuit sur sa mère épuisée,
En lui cachant son travail et ses pleurs;
Ange aux yeux doux, que d'amour te réclame!
Pour captiver les époux, les amants,
Ton front n'est pas orné de diamants;
Mais Dieu versa des trésors dans ton âme...

Bon Asmodée, arrêtons pour toujours;
Je trouve ici l'hymen et les amours.

N. B. Cette chanson est extraite du premier volume des OEuvres de M. Louis Festeau. Ce joli volume grand in-32, tiré à 10,000 exemplaires, et dont nous publions en ce moment la suite sous le titre *les Egrillardes*, chansons et musique, avec 12 gravures sur acier, au prix de 25 centimes la livraison de 32 pages, en tout 12 livraisons, se trouve chez l'Éditeur, 32, rue Notre-Dame-de-Nazareth.

Chez l'éditeur, rue Notre-Dame-de-Nazareth, 32.

Paris. — Imprimerie de A. APPERT, passage du Caire, 54.

CHOPINOT LE FLANEUR.

SCÈNE POPULAIRE

Exécutée par **M. MAYER,**

Au Théâtre des Folies-Dramatiques.

Paroles et Musique de M. H. MAIGNAND.

La Musique se trouve chez M. Nadaud, 7, galerie de la Bourse, passage des Panoramas.

———————

J' suis bambocheur
Et franc loupeur,
Flairant d' loin les noces,
Je m'y fourre des bosses;
C'est là que j' trouve le vrai bonheur,
L' suprême bonheur, le seul bonheur,
Je suis loupeur, j' suis ribotteur,
Je suis viveur, je suis noceur, je suis flaneur.

L' travail fut toujours ma bêt' noire,
C' qui m' porte à croir' que j'étais né
Pour roupiller, béquiller, boire,
Et trancher dans l' genre soigné;

3 v.   2ᵉ Livraison.

1842

La loupe, si chère,
A tout pour me plaire.
Ça m' chausse si bien
Sans m' blesser de n' faire rien.

(*Parlé.*) L' feignant annoncé... voilà, et j'en rougis
point. C'tte bêtise ! qui qui n' l'est pas !... tout l'monde
en use, connu... mais à moi l' pompon ! j' le r'clâme.
Place au roi d' la loupe ! en v'là un d' monarque fic'lé?..
merci ! p'us qu'ça d'courants d'air à mes bottes, et
d' fautes de ponctuation à mes effets... C'est gentil !
heureus'ment l' coffre est bon, on a soin d' l'intérieur,
et quoique fabricant d'allumettes, j' *souffre* pas à
m' tuer. La santé avant tout ; et, comme les poulets
d'indes qu'a réglé l' calendérier ont tiré leux s'maines
d' longueur, moi, qu'est pas d' leux couvée, j' les
raccourcis d' quat' jours... c'est tout bête !... les lun-
dis sont moins rares et j' m'en prive pas guère, j'ai
pas eu d' brévet pour ça, mais c'est hégal, j' suis immortel ; l' zamis, au nom de Chopinot, qu' c'est l' mien
ôtent leux casque en signe de respect et crient : Gloire
à l'inventeur d' lalmonache modérne. Enfoncé l' père
Lanceberg !

J' suis bambocheur, etc.

A quoi qu' ça sert de s' fend' la tête
Pour s'amasser un morceau d' pain !

J' comprends pas qu'on soit assez bête
Que d' s'occuper du lendemain.
Fair' bonne chère
Et narguer la misère,
C'est le vrai moyen
De vivre un bon bout d'temps et bien.

(*Parlé*.) Oh donc ! zut pour les caisses d'épargne ! on est trop tôt troussé... Je vis au jour le jour et m' fésant pas d' bile, j' prends l' beau sesque et les monacos pour c' qu'i valent, mais j' m'en charge pas, ça éraille les poches. Oh ! la la, les toiles... comme nous v'là plates ! Cré coquin ! les eaux baissent... c'est bon p'us qu' ça de cuivre... on m'a volé... A la garde ! Réparation... c'est mon compte : j'ai fait à c' matin une honnêt'té d' Paul Niquet en trois verres à Monsieur et Madame Chamouillé. Gueux d' Paris ! vas.... vous changez un sou, crac ! éclipse totale ! étranglé du coup ! encore deux jours de bourgeoisie, et vingt sept ronds à moi tout seul... Qué v'lours ! en v'là d' la séch'resse ! chéri, tirons la patte (*il serre son pantalon*) et pour ménager nos napples, en avant les nœuds d'épée et la fine pomme frite ! c'est un' bonn' légume et je partage mon estime entre elle et la loupe en baladant d'vant les hercules du Gros caillou les boas constructors, les lions dompetés, la femme sauvage et autres animaux domestiques.

J' suis bambocheur, etc.

Des gros casseurs sont dans l'aisance
Souvent au prix d' leur liberté ;
Mais, moi, j'aime l'indépendance
Et j' suis fier de ma pauvreté.
Si j' suis pas riche
Au moins jamais je n' triche
Sur le point d'honneur ;
J'ai la gaîté, la paix du cœur.

(*Parlé.*) Ça vaut ben quéqu' chose, ça. J' suis gueux comme Job, conv'nu ! ma plure est souvent accrochée au vestiaire des Blancs-Manteaux, et j'ai jamais pu marier deux tunnes... j' m'en défends pas ; mais si n'y a rien ici (*frappant ses poches*) y a quéqu'chose là (*il montre le côté gauche*). On est godailleur, ripailleur.... d'accord ! mais des sentiments... cristi ! des sentiments... on en trouve à l'appel : qui qu'en veut? j'y en r' cède.... ma vesse en crève... pauv' vieille ! nous rions des coudes... respect au malheur ! ne mécanisez pas... c'est pas l' linge qui fait l'homme. Le vice a souvent de beaux effets et la vertu des z'haillons ! mais je soutiens la débine et toutefois et quante qu'elle a faim j' lui r'fuse jamais un p'tit verre.

J' suis bambocheur, etc.

Un jour sur le sol de la France,
Si l'étranger avait l' toupet

D' vouloir s' fich des airs d'importance,
Prompt à lui rabattre l'caquet.
      Si d' caractère
      On loupe à la frontière,
      Pour lui clor' le ch'min,
On me verrait courir soudain.

(*Parlé.*) Et en croisant yette, on lui dirait d'auto , halte là! mon bonhomme, on n' pass' pas. Fais-y attention ; y a encore dès bons lapins dans c' terrier là : et i' font des p'tits…. n' faut pas r'ginguer, ni faire l' méchant, vois-tu, t'as pas assez les *reins sûrs*, tu t'f'rais tapper d'ssus. C'est dit un' fois pour toutes ; n' sortons pas des bornes, ou j' cogne à mort. Gare les quilles ! j'en abats à tous coups, c'est comme aux macarons. De quoi ? voisins, qué qu' vous d'mandez? un' place. d' l'anis ! deux fois… ça l'use… d'mi tour, drrrroite et partez du pied gauche…. on n'peut rien vous faire.. à moins qu' ça n' soit ça…. avec ça….. et puis ça… (*il fait tous les gestes des titis*) ; en voulez-vous encore, ça n' coûte rien, c'est nous qui régale…. les enfants d' Paris ! rien qu' ça…

      J' suis bambocheur,
      Et franc loupeur,
      Flairant d'loin les noces ,
      Je m'y foure des bosses ;
C'est là que j' trouve le vrai bonheur,
L' suprême bonheur, le seul bonheur,
Je suis loupeur, j' suis ribolteur,
Je suis viveur, je suis noceur, je suis flaneur.

(*Propriété de l'éditeur.*)

L'ARABE
AU TOMBEAU DE SON COURSIER.

Air : *Naissez mes vers, etc.*
Ou : *Fais, Dieu puissant, que le monde éclairé, etc.*

Voix du désert, redis au loin mon deuil :
L'ami du brave est au fond du cercueil.

O voyageur ! partage ma tristesse ;
Mêle tes cris à mes cris superflus :
Il est tombé, le roi de la vitesse ;
L'air des combats ne le réveille plus.
Il est tombé dans l'éclat de sa course ;
Le trait fatal a tremblé sur son flanc,
Et les flots noirs de son généreux sang
Ont altéré le cristal de la source.

Voix du désert, redis au loin mon deuil :
L'ami du brave est au fond du cercueil.

Du meurtrier j'ai puni l'insolence ;
Sa tête horrible aussitôt a roulé :
J'ai dans son sang désaltéré ma lance,
Et sous mes pieds je l'ai longtemps foulé.
Puis, contemplant mon coursier sans haleine,
Je l'enlevai d'un bras mal affermi ;

Et je revins triste, portant l'ami
Qui tant de fois me porta dans la plaine.

Voix du désert, redis au loin mon deuil :
L'ami du brave est au fond du cercueil.

Depuis ce jour, tourment de ma mémoire,
Nul doux soleil sur ma tête n'a lui :
Mort au plaisir, insensible à la gloire,
Dans le désert je traîne un long ennui.
Cette Arabie, autrefois tant aimée,
N'est plus pour moi qu'un morne et grand tombeau
On me voit fuir le sentier du chameau,
L'arbre d'encens et la plaine embaumée.

Voix du désert, redis au loin mon deuil :
L'ami du brave est au fond du cercueil.

Sous l'œil du jour, quand la soif nous dévore,
Il me guidait vers le fruit du palmier :
A mes côtés il combattait le More,
Et sa poitrine était mon bouclier.
De mes travaux compagnon intrépide,
Fier et debout dès le réveil du jour,
Au rendez-vous et de guerre et d'amour
Tu m'emportais, semblable au vent rapide.

Voix du désert, redis au loin mon deuil :
L'ami du brave est au fond du cercueil.

Tu vis souvent cette jeune Azéïde,
Trésor d'amour, miracle de beauté ;
Tu fus vanté de sa bouche perfide,
Ton cou nerveux de sa main fut flatté ;
Plus douce était que la tendre gazelle ;
Le haut palmier brillait de moins d'appas.
D'un beau Persan elle suivit les pas :
Toi seul, ami, tu me restas fidèle.

Voix du désert, redis au loin mon deuil :
L'ami du brave est au fond du cercueil.

Entends du moins ton maître qui te pleure :
Je te suivrai ; réunis dans la mort,
Couchés tous deux dans la même demeure
Nous dormirons aux sifflements du nord ;
Tu sortiras de ta tombe poudreuse,
Et sous ton maître, au jour du grand réveil.
Tranquille et fier, dans les champs du soleil,
Tu poursuivras ta route lumineuse.

Voix du désert, redis encor mon deuil :
L'ami du brave est encore au cercueil.

A LA FRONTIÈRE!

Paroles et Musique de M. Frédéric BÉRAT,

Chantée par M. HENRY,

Au théâtre des Délassements - Comiques.

La Musique chez M. Schonenberger, 20, boulevart
Poissonnière.

Mon fils, la guerre est déclarée.
J'entends le canon retentir,
Embrasse ta mère éplorée...
Mon fils, mon fils, il faut partir.
Du palais et de la chaumière,
Du fond des villes, des hameaux,
Chacun accourt sous les drapeaux,
En s'écriant : à la frontière!
En s'écriant : à la frontière!...

Mon fils, mon fils, fais-toi soldat;
Laisse là ta mère chérie.
Je prîrai Dieu, vole au combat :
L'homme combat, la femme prie.
Honneur, honneur, ô mon enfant,
A qui succombe en combattant,
En combattant pour la patrie!
Pour la patrie!

Il m'en souvient, c'est à ton âge,
Qu'un jour... un jour comme aujourd'hui,
Ton père quitta le village,
  Au bruit du canon ennemi.
Une croix à sa boutonnière,
Deux ans plus tard, il m'épousait;
Tout le village te dirait
Combien j'étais heureuse et fière,
Combien j'étais heureuse et fière!

Mon fils, mon fils, etc.

L'an d'après notre mariage,
La guerre, hélas! recommença;
Et n'écoutant que son courage,
Ton père tous deux nous laissa.
Cette fois, douleur bien amère,
Au retour de tous nos soldats,
Lui, mon fils, il ne revint pas!
Juge des larmes de ta mère!
Mon fils, il faut venger ton père!!!...

Mon fils, mon fils, fais-toi soldat;
Laisse-là ta mère chérie.
Je prirai Dieu, vole au combat,
L'homme combat, la femme prie.
Honneur, honneur, ô mon enfant,
A qui succombe en combattant,
En combattant pour la patrie,
    Pour la patrie!

CE QUE J'AIME LE PLUS.

A Mlle JENNY CLÉMENCE L...

Si j'étais roi, je donnerais l'empire,
Et mon trône, et mon sceptre, et mon peuple à genoux,
Et ma couronne d'or, et mes bains de porphire,
Et ma flotte à qui la mer ne peut suffire,
    Pour un regard de vous.

V. HUGO.

Pourquoi craindre la pauvreté ?
Dans un désert et sous un toit de chaume,
Le cœur de ton amant, n'est-il pas ton royaume,
Sa tendresse ta royauté.

SHÉRIDAN. (La Duègne.)

J'aime la gentille fauvette,
Epiant au bord de l'eau
    Maint vermisseau,
    Puis sur le côteau,
La blanche maisonnette
Du pasteur du hameau.

J'aime des bois le doux mystère
Et sur l'herbe d'un bosquet,

Le frais bouquet
Cueilli pour le corset,
D'une jeune bergère
Par un amant discret.

J'aime la vierge solitaire
Que le mendiant voisin,
Un livre en main
Et d'un pas incertain,
Murmurant son rosaire,
Viendra prier demain.

J'aime la tranquille espérance
Et du cœur le doux émoi,
Mais sur ma foi,
Si je l'osais, quand je te voi,
Je te dirais.... comme je pense,
Ce que j'aime le plus, c'est toi ! ! !

E. PIERSON.

Chez l'éditeur, rue Notre-Dame-de-Nazareth, 32.

Imp. de A. APPERT, passage du Caire, 54.

OBJET PERDU !

SCÈNE COMIQUE

Chantée par M. CHAUDESAIGUES.

Paroles de M. E. PIERSON.

Musique de M. PAUL HENRION.

*La musique se trouve chez Mme Cendrier, rue du
Faubourg-Poissonnière, 4.*

—◦—

De par le maire, on fait savoir,
Que près de Blaire, mercredi soir,
Non loin de la grande pelouse,
A deux heures après midi,
Hélas! un malheureux mari
A perdu sa très chère épouse,
    Et ci-joint trait pour trait,
De cet aimable objet, le séduisant portrait.

(Parlé.) Cheveux ponceau, barbe naissante, nez
inconnu vu que la nature l'a privée de cet objet de
luxe néanmoins (nous ne parlons pas du nez), menton
de galoche, tenant à la main une ombrelle, taille de
quatre pieds deux pouces, en soie puce, femme ma-
gnifique, système Cazal, à bascule avec une raie, bre-
veté d'invention, z'yeux gris, avec des fleurs dessus,
et trois baleines de moins; marques particulières, un

3e v.   3e *Livraison.*

1842

signe à la joue, avec une pomme d'ivoire; il ne sera
fait aucune question le mari ayant de fortes raisons
pour s'en abstenir, mais en revanche et par ma voix

On peut être assuré d'avance,
Qu' celui qui la ramènera,
En échange pour récompense,
Cent cinquante francs recevra.

bis.

Sa chevelure d'oiseau volant,
Et sa figure à l'avenant,
On tant fait faire de sottises,
Et tout en donnant de l'espoir,
Si souvent causé l' désespoir,
Que pour éviter les méprises,
Ci-joint fidèlement,
Le récit très constant de son accoutrement.

(*Parlé.*) Chapeau de paille de riz, avec un épagneul
en laisse, noué en dessous.... robe couleur de diable
enrhumé, avec des taches de feu, tour de tête en tulle
illusion.... la queue coupée, une dentelle au bout et
un camélia dessous; elle répond au nom de Louloup,
les reconduire au domicile conjugal et puis:

On peut être, etc.

De race illustre, cette beauté
Compte dix lustres, c'est constaté;

Mais aux habitants de la Guerche,
Notre époux, fort bien avisé,
Croit devoir, et c'est très sensé,
Afin d' faciliter sa r'cherche,
D' sa femm' c'est pas mal,
Dans un nota final, dépeindre le moral.

(Parlé.) Donc elle est maussade, gourmande, de canard surtout; oh! pour le canard, elle se ferait pendre avec des petits pois.... mauvaise langue avec des pointes d'asperges..., volontaire, exigeante au cresson, jalouse, coquette, suivant toutes les modes, avec de la purée, l'humeur légère, avec du céleri dessous, enfin, colère, boudeuse, capricieuse, adorant les quadrupèdes, les serins surtout, notamment depuis qu'elle a renoncé à la profession de demoiselle.... au gras.

On peut être, etc.

Faut qu'on observe qu' d'autorité,
L' mari s' réserve la faculté,
S'il est dans cette circonstance
Par vous servi selon ses vœux,
Au lieu d'un cent d'en donner deux,
Pour prouver sa reconnaissance,
On doit c'est convenu,
Pour que le prix soit dû, rendre tout c' qu'est perdu.

(Parlé.) Toujours est-il, du moins j'aime à l' croire, que le mari est.... convaincu que sa moitié se retrouvera.... Pauvre homme! faut-il qu'il ait z'évu le malheur de tomber sur une femme aussi volatille; ah! mais, à propos, j'oubliais encore queuq'chose. Nota bene : châle cachemire à palmes, et une patte de moins, deux brodequins amarante, avec collier de cuivre, les oreilles pendantes, son nom dessus, montre en or avec sa chaîne, qui aboie toujours, les objets ci-contre réclamés devront être rapportés intacts, c'est peut-être s'y prendre un peu tard, mais c'est égal.

On peut être assuré d'avance,
Que le bon mari donnera,
Cinq cents vingt francs de récompense,
A celui qui la gardera.

bis.

Propriété de l'Editeur.

LE MÉNESTREL ÉCOSSAIS.

ROMANCE.

Air : *Il ne faut pas jouer avec le feu.* (L. Festeau.)

Du ménestrel, plaignez la destinée ;
Il a perdu, l'objet de ses amours :
Son doux pays, l'Ecosse est enchaînée,
Et cependant il doit chanter toujours.....
Deux messagers, un jour, dans ma retraite,
M'ont trouvé seul songeant à mes malheurs.
Viens, ont-ils dit, viens chanter à la fête !
J'ai pris ma lyre et j'ai caché mes pleurs!   (bis.)

Ils m'ont conduit dans la salle bruyante
Où, d'un festin goûtant les voluptés,
De nos vainqueurs une troupe riante
Montrait leur joie à mes yeux attristés.
Le vin par flots épanchait l'allégresse
Et les parfums brûlaient parmi les fleurs.
Chante, ont-ils dit, le plaisir et l'ivresse!
J'ai pris ma lyre et j'ai caché mes pleurs!

J'allais chanter, chacun a pris son verre
Et du banquet a salué le Roi.
A l'heureux jour que ton amour espère,
Nouvel époux, nous buvons avec toi.

Ces mots d'amour et d'heureuse journée,
Ont dans mon cœur, réveillé mes douleurs.
Chante, ont-ils dit, l'amour et l'hyménée....
J'ai pris ma lyre et j'ai caché mes pleurs!

J'allais chanter, quand une voix s'écrie :
La liberté, sied aux victorieux!
Célébrons-la, buvons à la patrie!
Un cri répond à cet appel joyeux.
Soudain, la honte, à leur cri de victoire,
A sur mon front imprimé ses couleurs.
Chante, ont-ils dit, la liberté, la gloire!
J'ai pris ma lyre et j'ai caché mes pleurs!

Alors, j'ai dit: ô muse enchanteresse,
Viens enivrer tes vainqueurs et les miens.
Eveille, éveille, ô muse vengeresse,
L'honneur qui dort au cœur des citoyens;
Te relevant, aux accents de ma lyre,
Renais, Ecosse, à des destins meilleurs!
Sans honte alors, alors je pourrai dire:
J'ai pris ma lyre et j'ai caché mes pleurs!   (bis.)

LE TOUPET.

Air : *C'est le bon vin qui nous met tous en train.*

Plus ennuyeux que certaine gazette,
Quand un auteur, nous vante sa musette ;
 C'est le toupet !
Quand il nous dit, en vers élégiaques:
Que franchement il méprise les claques,
C'est le toupet qui produit son effet,
 C'est, c'est, c'est le toupet,
C'est le toupet qui produit son effet.

Qui fait auprès d'une gentille prude,
Qu'on réussit sans une longue étude,
 C'est le toupet !
Qui peut encor auprès d'une grand'mère,
Faire oublier qu'elle est sexagénaire,
C'est le toupet qui produit son effet,
 C'est, c'est, c'est le toupet,
C'est le toupet qui produit son effet.

Que faut-il donc à fille dégourdie,
Pour accomplir le rêve de sa vie ?
 C'est le toupet !
Quand à l'autel, son époux, prend le change ;

Et quand il voit trembler la fleur d'orange,
C'est le toupet qui produit son effet,
    C'est, c'est, c'est le toupet,
C'est le toupet qui produit son effet.

A l'institut, on voit, chose peu rare,
Un érudit à côté d'un ignare,
    C'est le toupet!
On voit aussi des nullités caduques
Encourager les têtes à perruques,
C'est le toupet qui produit son effet,
    C'est, c'est, c'est le toupet,
C'est le toupet qui produit son effet.

Talma n'est plus, malheur à Melpomène,
Qui donc l'a pu remplacer sur la scène?
    C'est le toupet!
Quand les claqueurs de nos jours font merveille,
Nous pouvons dire : hélas! adieu Corneille,
C'est le toupet qui produit son effet,
    C'est, c'est, c'est le toupet,
C'est le toupet qui produit son effet.

Pologne, Egypte, et toi belle Italie,
Qui donc pourra vous redonner la vie?
    C'est le toupet!
Car mon pays ne se bat qu'à la plume,

Et son beau feu s'éteint comme il s'allume,
C'est le toupet qui produit son effet,
    C'est, c'est, c'est le toupet,
C'est le toupet qui produit son effet.

Abd-el-Kader est le maître en Afrique,
Ne pourrait-on connaître sa tactique?
    C'est le toupet!
Les gouverneurs comblant cette lacune,
Vengent la France; en faisant leur fortune,
C'est le toupet qui produit son effet,
    C'est, c'est, c'est le toupet,
C'est le toupet qui produit son effet.

Noble Juillet, ô drapeau tricolore,
Chez l'étranger qui vous soutient encore?
    C'est le toupet!
Vous nous donnez, remplaçant la Bastille,
Des petits forts de la même famille,
C'est le toupet qui produit son effet,
    C'est, c'est, c'est le toupet,
C'est le toupet qui produit son effet.

E. Schopman.

L'IVROGNE.

He ! qu'est'ça m' fait à moi
Qu'on m'appelle ivrogne !
Je suis heureux comme un roi
Quand je m' rougis la trogne.

J' n'ai jamais compris comment
S'est conduit l' premier homme ;
Il fallait qu'il fût Normand,
De s' damner pour un' pomme.
Hé ! qu'est'ça m' fait, etc.

Adam, qui s'est fourvoyé,
D'excus' serait plus digne,
S'il eût attendu qu' Noé
Eût inventé la vigne.
Hé ! qu'est'ça m' fait, etc.

La vie est un chemin d' fer,
Il faut que l'homme y roule ;

Quand j'suis pané, j' vais prendr' l'air.
Quand j'ai d' l'argent, je m' soule.

Hé! qu'estça m' fait, etc.

Les maîtres des nations
Aux peupl's s'raient plus utiles,
S'ils se servaient d' nos *canons*
Au lieu d' leurs projectiles.

Hé! qu'est'ça m' fait, etc.

En l'honneur du Dieu du vin
Si j' vends jusqu'à mes ch'mises,
C'est que j' trouv' sur mon chemin
Plus d' cabarets qu' d'églises.

Hé! qu'est'ça m' fait, etc.

La nature, dans mon froc
A mis un bon apôtre;
Quand j' tiens ma femme ou mon broc,
J'emplis l'une ou j' vid' l'autre.

Hé! qu'est'ça m' fait, etc;

L' dimanche, dans le ruisseau
Quand par malheur je couche,

J'enrage, mais c'est d' voir l'eau
Aussi près de ma bouche.

Hé ! qu'est'ça m'fait, etc.

Ici-bas, quand j'aurai bu
Mes dernières bouteilles,
J' veux m'en aller l' cul tout nu
Et les manches pareilles.
Hé ! qu'est'ça m' fait, etc.

A quoi bon des capitaux ?
Quand la terre nons hume,
Rois, peuples, savants et sots.
On a tous l' mêm' costume.
Hé ! qu'est'ça m' fait à moi
Qu'on m'appelle ivrogne !
Je suis heureux comme un roi
Quand je m' rougis la trogne.

HENRY SIMON.

Chez l'Éditeur, rue Notre-Dame-de-Nazareth, 32.

Imprimerie de A. APPERT, passage du Caire, 54.

JEAN-BONHOMME.

HISTOIRE D'UN PETIT SAVOYARD *,

Chantée par M. ACHARD,

Au Théâtre du Palais-Royal.

Paroles de M. E. BOURGET. — Musique de

M. V. PARIZOT.

*La Musique se trouve chez M. Nadaud, 7, galerie de
la Bourse, passage des Panoramas.*

Là-haut! là-haut de la montagne
J'étais venu, moi tout enfant....
J'avais quitté notre campagne
Et ma mère que j'aimais tant.
Quand je partis mon plus grand frère
Me dit: « PETIT-JEAN, mon ami,
« Voici mon singe, adieu, prospère,
« Comme moi reviens avec lui.... »

(Parlé.) Et en me disant ça... il me donna le petit
JEAN-BONHOMME qui lui avait fait amasser tant de gros.

* On peut facilement imiter le langage savoyard en changeant
les s en ch, ce qui donne plus de caractère à cette romance.

sous... « Frère, qu'il me dit, tu en auras bien soin,
n'est-ce pas?... Songe que c'est ton gagne pain, qu'il
fut le mien, qu'il sera celui de notre petit frère.... e^t
puisque tu pars, si l'hiver il était bien rude... et que
tu aies bien froid,... tâche que lui du moins n'en souffre
pas trop... entends-tu frère... adieu, PETIT JEAN,
adieu.....

> Et oui voilà comme,
> Voilà comment j'eus
> Mon pauvre JEAN-BONHOMME,
> Que je n'ai plus !

> Quand de retour de son voyage,
> Mon frère aîné vint au pays,
> Il rapportait dans son village
> Son petit singe de Paris.
> Pour la famille, ah! quelle joie...
> Aussi j'quittais moins tristement
> Les montagnes de la Savoie,
> Et j'vins ici le cœur content.

(*Parlé*.) Ah! c'est qu'il fallait le voir danser, sauter
et faire l'exercice... tirer son petit sabre du fourreau,
montrer son passe-port... et ôter son petit chapeau à
plume pour saluer toute la compagnie... Aussi encore
hier une dame bien riche me disait : « Petit savoyard,
il est bien gentil, ton petit singe... Tiens, voici de

l'argent, combien veux-tu le vendre ?.... — Oh ! que nenni, ma bonne dame, il n'est pas à vendre, mon petit singe... Il n'est pas à moi... Là-bas... au pays... mon frère, il attend que je sois revenu pour le donner à un petit frère... C'est ça qui nous sert à gagner notre vie, à nous autres... Vous voyez bien que je ne puis pas le vendre... Gardez votre argent, ma belle dame... moi, je garderai mon pauvre petit singe. »

> Et oui voilà comme
> Oui, sans mon refus,
> J'aurais mon JEAN-BONHOMME ;
> Que je n'ai plus.

> Lorsque l'hiver fuit chaque année,
> Pour nous l'ouvrage cesse hélas !
> Nous n'avons plus de cheminées
> A ramonner du haut en bas...
> Alors le pauvre JEAN-BONHOMME
> Seul ramassait des petits sous.
> Et le soir j'emportais la somme
> Qu'il avait su gagner pour nous.

(*Parlé.*) Tout-à-l'heure encore il était sur la chaus-sée des Champs-Élysées, il demandait un petit yard et faisait aller son petit balai..... Je lui disais : « Allons travaille, petit JEAN-BONHOMME.. » Un beau monsieur

passe en cabriolet... il arrête... Moi, je prends mon
singe pour mieux lui faire voir..... Le domestique
fouette le cheval... JEAN-BONHOMME, qui a peur, saute
et tombe juste sous la roue... Je le ramasse .. je le
prends dans mes bras... sous ma veste pour le réchauf-
fer... Mais c'était trop tard.... JEAN-BONHOMME, il ne
remuait plus, il était mort... Je l'emportais... mais je
ne savais où aller.... pas même retourner au pays....
car mon frère, il me demanderait tout de suite : où es^t
e petit JEAN-BONHOMME?...

> Et oui voilà comme
> Comment tu mourus !...
> Toi ! mon JEAN-BONHOMME,
> Que je n'ai plus.

(Propriété de l'Editeur.)

LES LORETTES.

Air: *du Pâris de Surêne.*

On m'a dit que des phalanges
De grâces et de péris,
Sous des figures d'archanges,
Ont volé jusqu'à Paris;
Sans préjugés, sans collerettes,
Vivant dans le demi-jour,
Et que baptisa l'Amour
Du joli nom de Lorettes.   (Bis.)

Ces charmantes pélerines
Laissent surprendre leurs cœurs,
Et, pareilles aux Sabines,
Pardonnent à leurs vainqueurs;
Un bon lit, une chaufferette.
Cinquante écus de loyer,
Son amant pour mobilier...
C'est le bien de la Lorette.

Créoles par caractère,
S'occupant dans leur réduit,

Tout le jour, à ne rien faire ;
Soupirant après la nuit !
Lisant des chroniques secrètes,
Ou faisant un entrechat,
Et puis carressant leur chat,
C'est le travail des Lorettes.

Lionnes, très peu barbares,
Sur le sein de leur Giaour,
Elles fument dix cigarres ;
Entre vingt baisers d'amour !
Puis illuminant leurs chambrettes,
Des feux d'un punch éclatant,
Elles boivent en chantant
La royauté des Lorettes.

Pour que le ciel les protège,
Elles suivent le sermon ;
Dans l'église, sur son siège,
Chacune a gravé son nom.
Quêtant pour doubler la recette,
Leurs beaux yeux font tant donner !..
Qu'on choisit, pour se damner,
Notre-Dame de Lorette.

J'en sais une adroite et fine,
Qu'un président adora.

Et sous son manteau d'hermine
La friponne se fourra,
Il épousa notre grisette.
O Nabuchodonosor!
Qui croit avoir un trésor,
Et qui n'a qu'une Lorette,

Femme à vertus rétrogrades,
Désirant céder son fonds,
Elle offre à ses camarades,
Cinq ou six bruns et trois blonds;
En jouissance, si l'on traite,
Ce soir même on entrera...
Mais dans six mois on rendra
Ses amans à la Lorette!

Dans ce temps où la morale
Expire sous le sifflet,
Ne criez pas au scandale,
Au refrain de mon couplet.
Mais plutôt, conteurs de fleurettes,
Qui buvez du vin sans eau,
Plantez tous votre drapeau
Dans le boudoir des Lorettes.

ROCHEFORT.

NAPOLÉON
ET SES VIEUX GROGNARDS.

(CHANT MILITAIRE.)

Air : *J' veux d' la morale à bon marché* (FESTEAU).

« Pour l'Italie, il faut qu'on parte!
« Grenadiers, réformez vos rangs. »
Disait le jeune *Bonaparte*
A ses belliqueux vétérans.
« Inactifs, l'affreuse détresse
« Vous laisse sans pain, sans secours :
« Venez chercher gloire et richesse!.. »
Les vieux grognards marchaient toujours!

« Votre tâche n'est pas remplie :
« Soldats, pour illustrer vos noms,
« Quittez la fertile Italie
« Pour les déserts des Pharaons.
« Bientôt l'écho des Pyramides
« Dira le bruit de vos tambours;
« Battez les enfans des Numides!...»
Les vieux grognards marchaient toujours!

Au vieux coq de la République,
Succède l'aigle impérial;
Et la consulaire tunique
Se change en un manteau royal.
Votre Empereur, sourd aux alarmes,
Réclame encor votre concours;

Sur le Rhin, reportez vos armes !...
Les vieux grognards marchaient toujours !

⁂

« Soldats, il reste encore à faire !
« Nous avons pris Vienne et Berlin ;
« Moscou m'est aussi nécessaire :
« Il nous faut camper au Kremlin !... »
Mais, du Nord, le climat l'arrête :
Hélas ! viennent les mauvais jours !
Napoléon bat en retraite !...
Les vieux grognards marchaient toujours !

⁂

Dans le fourreau rentre le glaive,
Car le géant est renversé !
Plus menaçant il se relève ;
Sur son trône il s'est replacé.
« Enfants (dit-il à ses vieux braves),
« Pour nous venger, ici j'accours !
« Du pays, brisons les entraves !... »
Les vieux grognards marchaient toujours !

⁂

De *Waterloo*, de *Sainte-Hélène*,
Taisons les revers, les douleurs :
Les restes du grand capitaine
On trouvé de glorieux pleurs !!!...
Quand, dans sa Frace bien-aimée,
Revint la victime des coûrs,
On vit encor la grande armée !...
Les vieux grognards marchaient toujours

JUSTIN CABASSOL.

LE PRINTEMPS.

Fillettes, jeunes garçons,
Aux chansons
Que l'on danse
En cadence.
Fêtez encore et toujours
Les beaux jours,
La saison des amours !

Du Printemps célébrons les louanges
Assez tôt il nous fait ses adieux.
Que le bal, à l'étroit dans les granges,
Sous l'ormeau se montre plus joyeux !
Fillettes, etc.

Ecoutez, ô musique énivrante !
Le concert graciux des oiseaux
Se marie à votre voix charmante,
Au murmure agréable des eaux.
Fillettes, etc.

Au tapis de mensonger augure
Où le jeu règne avec ses fureurs,

Préférant ce tapis de verdure
Où l'amour accorde ses faveurs,
    Fillettes, etc.

Ornement de ce beau paysage,
Admirez, que de nouvelles fleurs!
Comme aussi sur votre gai visage.
Ont brillé de plus vives couleurs!
    Fillettes, etc.

Des bluets, voilà votre couronne :
Baisers pris sont d'innocents exploits;
Un essaim d'amours vous environne,
Vous règnez... plus heureux que les rois!
    Fillettes, etc.

Gens du monde, à la fin des orgies,
Vous attend le plus triste réveil...
Croyez-moi, tout l'éclat des bougies
Ne vaut pas l'éclat d'un beau soleil.
    Fillettes, etc.

Pastoureaux et gentilles bergères,
Les mamans, le vieillard raisonneur,

Jouissant de nos danses légères,
Du passé retrouvent le bonheur.
Fillettes, etc.

Chaste et pur, se riant de l'orage,
Le plaisir est un guide enchanteur
Qui nous mène au terme du voyage,
Paix au front et douce joie au cœur!

Fillettes, jeunes garçons,
Aux chansons
Que l'on danse
En cadence,
Fêtez encore et toujours
Les beaux jours,
Le saison des amours!

EMILE VARIN.

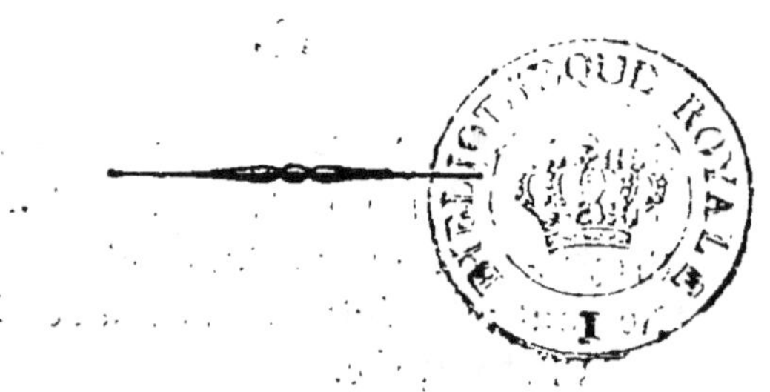

Chez l'Éditeur, rue Notre-Dame-de-Nazareth, 32.

Imprimerie de A. APPERT, passage du Caire, 54.

LE VIN A SIX SOUS.

SCÈNE COMIQUE.

Paroles et Musique de R.-F. BOUTIN.

La Musique se trouve chez M. Nadaud, 7, galerie de la Bourse, passage des Panoramas.

———————

Le vin à six sous
Fait mon bonheur et mon régal,
Le vin à six sous
Est stomachiqu' et pectoral,
Ça tap' su' la tête
Ça vous rend pompétte,
C'est dans les prix doux
J'adore le vin à six sous.

L'chapeau d'travers d'un pas hardi
L' jarret tendu l'air dégourdi
D'un' démarche fière
Passant la barrière,
Je fil' droit tout d'go,
Car du nectar de la guinguette
J' connais l' numéro
Je l' lis du coup et sans lunette.

(*Parlé.*) Foi de Jean-François Gavigneau, maçon
de mon état, dont je m'en flatte, deux jours de repos,

3e v. — 5e *Livraison.*

1842

dimanche et lundi, c'est pas d' trop pour un homme
qui taupe toute une semaine sans débrider sur un
échafaudage au grand air, ce qui vous donne une faim de
facteur, une soif de croquemort, et qui pour se garga-
riser l'aluette, n'a que l'infusion d' bois d' gendarmes,
ou l' boullion d'ablettes... Merci, c'est ce qui fait que
j' dis les deux premiers jours de la semaine.

Le vin à six sous, etc.

C'est lundi repos aux plâtras,
Ecrasons un grain de chass'las,
Pinçons la gibelotte,
Dites-moi sacrelotte?
Couvreur, vitrier.
Tourneur, paveur, quand il sirotte
Quel est l'ouvrier
Qui n' se donn' pas un' p'tit' culotte.

(*Parlé.*) Je m' la donne, moi; à moins d'être un
homme de rien, un chat-huant qui n'est pas suscep-
tible de connaître l' prix d' la vie et les bienfaits du
créateur, un homme qui se respecte un peu, qui possède l'estime de soi-même et de ses semblables maçons
bambocheurs, un homme pour qui les produits du sol
natal ne sont pas d' la p'tite bière, doit faire écouler
les liquides, protéger le commerce, l'industrie, et ra-

fraichir la créature ; v'là c' que je m' pulvérise la
cervelle à répéter à Matifa dit Larose, mon manœuvre,
mais c'est comme si on voulait s' faire un cure-dent
de l'obélisque.... Oh ! trop heureux pays du Limousin
où le cornichon pousse tout confit, il n'y a plus qu'à le
remiser dans le bocal, omnibus ordinaire de ces sortes
de fruits ; pour quant à moi :

Le vin à six sous, etc.

L'e vignoble m' rend orgueilleux,
L' caractère hautain, ombrageux,
M' comparant au bufle,
Qu'est-ce qui m' traite d' mufle ?
Sans plus de façon
Moi qui n' suis pas d'humeur peureuse,
J'y envoie l' coup d' chausson
D'une manière un peu vigourense.

(*Parlé.*) Ça distrait, écarte l'ennui, entretient l'esprit dans de bons principes et les membres dans une
activité salutaire.... C'est, comme le cresson de fon-
taine, la santé du corps. Chaud, gachez serré su' la
pratique, n'épargnons pas l' physique, mais ménageons l' vêtement, c'est une de mes conditions, et je
préfère à la moindre déchirure l'œil poché, ça r'vient
moins cher vu qu'il paie lui-même son blanchissage.

Le vin à six sous, etc.

L' vin à six sons au sentiment
Me pouss' avec acharnement.
   Il a l'avantage
   D'orner le visage,
   C' minois basané
D'puis qu' j'ai l' coup d'soleil su' la boule,
   M' paraît chiffonné.
R'nard dévorant j' croquerais c'te poule.

(Parlé.) S'rait-il dans les choses possibles, beauté peu ordinaire, qui avez d'un coup-d'œil apprivoisé, plus vivement que ne le pourrait faire Monsieur *Van-lamburg,* le plus indomptable de tous les maçons, s'rait-il possible de consommer ensemble le cachet de la première contredanse?.... Vous acceptez, la queue du chat, en avant le galop; pas une ne me résiste.... Vous accepterez bien quelque chose?... Oh bonheur! la permission de vous reconduire, je vous en supplie! Je peux pas en manquer une.... Pour la première valse je vous r'tiens, convenu... Encore une de séduite! qué malheur...

Le vin à six sous, etc.

L'autorité, qui n'aim' pas l' vin,
Veut que chacun reprenn' son ch'min,
   Parc' que minuit sonne,
   N' faut pu' qu'on canonne.

Rien qu'un p'tit d'mi-s'tier
Et j' vous jure, Monsieur le commissaire;
Que j' lanc' mon mortier
De l'autre côté d' la barrière.

(*Parlé.*) Je suis bon enfant, connu dans mon quartier, mais j'ai eu des malheurs ; si vous vouliez, M. le commissaire, prendre quéque chose avec moi, d'amicablement ; je ne suis qu'un malheureux ouvrier, mais honnête homme, pardonnez-moi cette excuse, je suis homme de société... Ah ! j'ai oublié quéque chose !... oui, ma valseuse... J' repasserai la prendre dimanche. Tout d'suite, j' m'en vas; mais j' croirais me manquer à moi-même essentiellement si je ne buvais votre santé... Gare là-dessous... mille amitiés à madame.

Le vin à six sous
Fait mon bonheur et mon régal,
Le vin à six sous
Est stomachiqu' et pectoral,
Ça tap' su' la tête,
Ça vous rend pompette,
C'est dans les prix doux...
J'aime, sacrédié, l' vin à six sous.

LE PROPHÈTE DE VILLAGE.

Air : *Pourquoi donc m'appeler chevalier d'industrie?*
(Auberge de Bagnères.)

Des oracles fameux j'ignore l'artifice;
Autant que mes habits, mon langage est grossier.
Dans mes prédictions je n'entends pas malice:
Je dis ce que je vois; je ne suis pas sorcier.
D'un vainqueur, quelquefois, je prévois la défaite;
J'annonce à l'opprimé que Dieu peut le sauver.
Pourquoi donc, mes amis, ai-je l'air d'un prophète,
Quand je dis seulement : Cela peut arriver!

Quand je vois un orage ou les vents en furie
Courber, dans nos forêts, jusqu'au frêle arbrisseau,
Je m'afflige, et pourtant, à chaque instant varie
Le souffle destructeur qui roule ce fléau.
Oui, là-haut, qu'un ciel pur succède à la tempête,
On verra l'arbrisseau soudain se relever.
Pourquoi donc, mes amis, ai-je l'air d'un prophète,
Quand je dis seulement : Cela peut arriver!

Quand je vois une fille, un soir, avec mystère,
Rôder auprès du champ où travaille un berger,
Je sais ce qu'elle cherche; il n'est pas nécessaire
De suivre au loin ses pas, ni de l'interroger:
Avant peu, je m'attends à voir de la pauvrette
La taille s'arrondir, le sein se soulever.
Pourquoi donc, mes amis, ai-je l'air d'un prophète,
Quand je dis seulement : Cela peut arriver!

Quand je vois, chaque jour, toute une académie
S'assoupir dans ce Louvre où Louis l'installa,
Je lui crois le destin de la belle endormie,
Qu'après un siècle entier un prince réveilla.
Oui, doctes immortels, sur la même banquette,
Nos neveux, dans cent ans, pourront bien vous trouver.
Pourquoi donc, mes amis, ai-je l'air d'un prophète,
Quand je dis seulement : Cela peut arriver !

Quand je vois, au mépris des plus saintes promesses,
Un parti marchander avec la liberté ;
Une paix achetée à force de bassesses ;
Le pauvre sans travail, le riche sans gaîté.
Malgré moi je m'écrie : Une ligue ainsi faite,
Loin de briser nos fers, pourrait bien les river !
Pourquoi donc, mes amis, ai-je l'air d'un prophète,
Quand je dis seulement : Cela peut arriver !

Quand je vois, épiant nos discordes civiles,
L'étranger, vers le Rhin, s'avancer à pas lents,
Je me dis : S'il osait souiller encor nos villes,
La patrie en danger rallîrait ses enfants.
Oui, chez nous, l'on verrait, pour hâter sa retraite,
Tous les partis s'unir, tous les bras se lever !
J'en réponds, mes amis, c'est la voix d'un prophète,
Qui vous dit maintenant : Cela peut arriver !

HENRY SIMON.

LA CONVERSION.

Si tu veux
Des chants joyeux,
Lise, à plein verre,
Verse au trouvère !
Le bon vin et la beauté
Excitent la franche gaité.

Oui, je me rends à ta logique,
Toujours la grisette a raison,
Je renonce au genre tragique
Et prends les grelots pour blason :
Es-tu contente, ma Lison ?
Je cesserai d'écrire
Ces longs vers désormais
Qui te faisaient sourire.
Nous allons rire.... Mais,

Si tu veux, etc.

Fuis loin d'ici, vaine science
A l'air froid, triste et compassé !...
Grâce à la folle insouciance,
Par l'espoir doucement bercé,
J'oublie à présent le passé...

Vive la joie ! ! ! Au diable
Embarras et chagrin !
Mettons-nous vîte à table.
Et retiens mon refrain :

    Si tu veux, etc.

Tandis qu'au pétulant Champagne
Je vais donner la liberté,
Ah ! que la charité te gagne !
Déprisonne de ton côté
Les appas de la volupté...
    On souffre en servitude
    Par d'impuissants désirs,
    La liberté prélude
    Aux plus charmants plaisirs !

    Si tu veux, etc.

De tes épaules la parure
 Est du moins celle de l'amour :
Ta longue et noire chevelure
En désordre tombe à l'entour ;
Sylphes légers lui font la cour.
    Démonesse gentille,
    Ange adoré des cieux,
    Vois, le nectar pétille
    Au feu de tes grands yeux !

    Si tu veux, etc.

Je sens redoubler mon ivresse!
Nous sommes assez reposés....
Dans mes bras, c'est toi que je presse!
Que de baisers se sont croisés,
Donnés, pris, rendus, refusés!
 Quelle divine extase
 Produit cette liqueur!
 Quelle ardeur vive embrase
 Et ma tête et mon cœur!

 Si tu veux, etc.

Lors, à sa muse le poète
Ne pouvant plus faire un larcin,
L'amant avoua sa défaite,
Et de Lise admirant le sein,
Posa son front sur ce coussin.
 La rougeur le décore;
 L'aimable libertin
 Balbutiait encore
 A l'espiègle lutin.

 Si tu veux
 Des chants joyeux,
 Lise, à plein verre,
 Verse au trouvère!
Le bon vin et la beauté
Excitent la franche gaîté.

Emile VARIN.

LES PIGEONS.

Petits pigeons, qui logez sous mon chaume,
Dans un étroit et modeste réduit,
Vous préférez, à tout l'or du royaume,
Ce vieux logis sans meubles, mal enduit :
Vous ne savez ce qu'on nomme des peines,
Et l'avenir vous rend peu soucieux ;
Vous ignorez les misères humaines....
Petits pigeons, que vous êtes heureux !

Toujours en paix dans vos jolis ménages,
Du bien d'autrui vous n'êtes point jaloux ;
Et nos aïeux que l'on nous peint si sages
Etaient, je crois, bien moins sages que vous :
L'ambition, l'affreuse jalousie,
Déjà semaient la discorde chez eux ;
A vous chérir vous passez votre vie....
Petits pigeons, que vous êtes heureux !

Pendant l'hiver, au sein de la paresse,
Vous partagez le fruit de mon labeur ;
Le vent glacé qui sème la tristesse
Ne peut chez vous détruire le bonheur.

Quand les beaux jours ont enrichi la terre,
Vous descendez dans nos sillons nombreux,
Sûrs d'y trouver un repas salutaire...
Petits pigeons, que vous êtes heureux !

Le vagabond que la misère accable
Doit envier votre paisible sort,
Vous jouissez d'une gaîté durable.
Lui, pauvre hère... il appelle la mort....
Le riche aussi bien souvent vous admire,
Il aime à voir vos ébats amoureux,
Et je suis sûr que tout bas il soupire :
Petits pigeons, que vous êtes heureux !

ANDRÉ JOURDAIN.

Chez l'éditeur, rue Notre-Dame-de-Nazareth, 32.

Paris. — Imprimerie de A. APPERT, passage du Caire, 54.

*Chaque exemplaire non revêtu du timbre de l'éditeur
sera poursuivi comme contrefaçon.*

PRODIGE DE LA CHIMIE !!!

SCÈNE COMIQUE

Chantée par **M. ACHARD**,

Au Théâtre du Palais-Royal.

Paroles de E. BOURGET. — Musique de JOSSE.

La Musique se trouve chez M. Nadaud, galerie de la Bourse, 7, passage des Panoramas.

Demandez,
Commandez,
C'est le prodige de chimie !!
Par un brevet d'invention.
Le fruit sublime du génie !!
C'est la pommade du lion !
Le fruit sublime du génie,
C'est la pommade du lion.

Accourez, c'est ici qu'on répand sur le monde
Ce bienfait sans pareil, cosmétique étonnant !
Aux petits comme aux grands, commeil faut qu'on répo
Du remède infaillible! on ne rend pas l'argent !
Prenez ! prenez ! ne faites pas attendre !
Prenez, prenez ! on n'en saurait trop prendre.
On n'en saurait trop prendre.
Ta da ra ta ta ta ta la ta ta ta da ra ta ta   *bis.*
3ᵉ v.   6ᵉ *livraison.*

1842

(Parlé.) L'univers nous attend! Le monde entier n'a-t-il pas droit à sa part de ce *prodige!* Oui, Messieurs, le mot *prodige!* entraine l'idée d'un résultat phénoménal, pyramidal, colossal, monumental; *prodige de chimie.* c'est inexplicable!!! En effet, donnez-moi quelque chose, et de ce n'importe quoi je vais tirer, grâce à la chimie.... des étincelles!.. des cure-dents et des paletots en caout-chout! *prodige de la chimie!* c'est donc tout vous dire. Inutile de vous dépeindre le combat qui m'a rendu maître de l'animal et de son secret!... le temps nous manque!... Qu'il vous suffise de savoir que le contact d'une peau quelconque avec notre produit a une telle influence sur *les tubes capilaires,* que les personnes chauves peuvent se faire friser au bout de cinq minutes!.. et nous ne pouvons nous présenter nulle part sans qu'une énorme *queue* ne vienne assiéger nos portes.... Aussi nous avons repoussé un vain charlatanisme! Les gardes municipaux ont ordre de n'écraser personner !!! Dépêchons! car je devrais être à Constantinople où j'ai commissionné la fourniture de sept cents mille queues de pachas... sans compter une chevelure complète qu'attend de moi la sultane favorite du grand *schah* de Perse.... Faites-vous servir!... Sonnez, esclaves!... En avant la musique!!!

Demandez, etc.

Ces papiers si nombreux qu'on vous donne à la porte
Sont des remercîments ; glorieux certificats !
Qui nous sont adressés par la sublime Porte
Et par les habitants du lointain Kamchatka.
Prenez, prenez ! ne faites pas attendre,
Prenez, prenez ! on n'en saurait trop prendre.
　　　On n'en saurait trop prendre.
Ta da ra ta ta ta ta ta la la ta da ra ta ta.　　*bis.*

(*Parlé.*) Un million cent mille quintaux de certificats, procès-verbaux et autres sont remorqués à notre suite par des chevaux à tous crins.... Des conseils municipaux, pour des ponts suspendus à l'aide de nos produits, nous ont votés des médailles de *platine !!!* En vertu de notre pommade, des jeunes gens ne se sont plus contentés d'offrir des bracelets et bagues en cheveux, mais bien des harnais et des cordons de sonnettes dérobés à leur flamboyante chevelure !... Des gardes nationaux, obligés de changer de légion et de bataillon, ont pu, avec deux pots seulement, transformer le vulgaire schako en magnifiques bonnets à poil. Un fait surprendra, mais il est authentique !!.. un coiffeur reconduisant son épouse au chemin de fer de Saint-Germain, eut la maladresse de se laisser prendre les cheveux dans un wagon en départ.... grâce à sa présence d'esprit admirable ! et au frottement immédiat de notre spécifique !!... sa chevelure s'allongeant laissa de prompts secours arriver et lui sauver la vie !...

　　　　Demandez, etc.

Comme de tout les biens que donne la nature,
D'un usage imprudent il faut vous abstenir.
De sa vertu magique en cette conjecture!
Ce qu'il vous faut savoir c'est l'art de s'en servir!...
Prenez, prenez! ne faites pas attendre.
Prenez, prenez! on n'en saurait trop prendre.
On n'en saurait trop prendre.
Ta da ra ta ta ta ta ta ta ta ta da ra ta ta   *bis.*

(*Parlé.*) Malheur à ceux qui, sans consulter nos
prospectus, ont le toupet d'user de cet onguent mira-
culeux !... Les cheveux dressent sur la tête au récit
d'un pareil manque de précaution!.. Ainsi : un jeune
homme, croyant tenir de nous une *panacée universell*
s'en étant servi pour le mal de dents, a failli étouffer
par le fait d'une végétation rétive et crépue qui lui
survint aux gencives.... Si d'actifs épileurs, pris à
temps, ne se fussent hâtés de le débarrasser de cette
mortelle fourrure, le malheureux périssait victime
d'un des plus beaux présents faits à l'humanité !!!...
D'autres, voulant immodérément augmenter leurs sour-
cils, se sont créés des moustaches sur les paupières!...
Enfin , une actrice d'un de nos théâtres secondaires...
dans son empressement à se rendre à un délicieux
raout, eut la fatale inadvertance de se tromper de pot
et d'employer notre produit au lieu de concombre
pour enlever le blanc et le rouge qui grimaient son
visage... une forêt instantanée surgit sur toute sa fi_

gure, et la malheureuse ne pouvant s'en défaire!!! après avoir végété comme femme sauvage dans nos fêtes foraines.... vient d'entrer en qualité de sapeur dans un régiment de ligne.

Demandez,
Commandez,
C'est le prodige de chimie!!
Par un brevet d'invention.   *bis.*
Le fruit sublime du génie!!
C'est la pommade du lion!   *bis.*
Le fruit sublime du génie,
C'est la pommade du lion.

Propriété de l'Éditeur.

LE ROI DE MON CHOIX.

Air : *De la Treille de sincérité.*

O Sémélé! gentille femme!
Pour un prince de bon aloi,
Recevez aujourd'hui ma foi:
Madame,
Votre fils est mon Roi.

Le Roi pour qui je me prosterne
N'est pas un Roi de droit divin;
Sur tous les peuples qu'il gouverne
Il règne par le droit du vin.

Ce titre est, d'un buveur insigne,
La quasi-légitimité :
Partout où l'on plante la vigne
On proclame sa royauté.

    O Sémélé! etc.

Quand il orne sa chevelure
Et de rubis et de grenats,
Son peuple fournit sa parure,
Mais son peuple ne s'en plaint pas.
Gaîment, sous la treille, en automne,
Chacun enrichit son écrin :
Les diamaus de sa couronne
Ne sont que des grains de raisin.

    O Sémélé! etc.

Il n'a pas les goûts monarchiques
De quelques Rois intéressés ;
Il n'élève pas de boutiques,
Il ne creuse pas de fossés.
Ses courtisans ne gagnent guères
Sur ses marchés et ses travaux :
Ce n'est que pour rincer les verres
Qu'il fait construire des canaux.

    O Sémélé! etc.

Près des buveurs, dans une grange,
Sans façons on le voit s'asseoir.
A l'époque de la vendange,
Il tient conseil dans un pressoir.
En ce lieu, des bouches sinistres
Il craint peu le souffle empesté ;
Et comme il grise ses ministres,
Il sait toujours la vérité.

    O Sémélé! etc.

Il ne reçoit jamais de plaintes
Sur la rigueur de ses suppôts ;
Sans percepteurs et sans contraintes,
Lui-même il perçoit ses impôts.
Le tribut d'une humble bergère
Suffit pour grossir ses budgets :
Car ce n'est que sur la fougère
Que ce Roi foule ses sujets.

    O Sémélé ! etc.

De créneaux et de meurtrières
Ses palais ne sont pas garnis ;
Ce prince est sûr, à coup de verres,
De terrasser ses ennemis.
Sur les débris de mets splendides,
Lorsque Peuple et Roi sont couchés,

Un rempart de bouteilles vides
Vaut mieux que des forts détachés.

O Sémélé! etc.

Au peuple, dans les momens graves,
La main n'est pas tout ce qu'il tend ;
A-t-on soif? il ouvre ses caves!
Tous les Rois n'en font pas autant.
Puis, comme il ne met pas en friche,
Un beau sol qu'on peut travailler,
Après la vendange du riche,
Le pauvre trouve à grapiller.

O Sémélé! gentille femme!
Pour un prince de bon aloi,
Recevez aujourd'hui ma foi.
Madame,
Votre fils est mon Roi.

HENRY SIMON.

L'ARTISAN.

Air : *Courage, frappons.*

Courage et gaité,
Voilà ma devise
Le but où je vise
C'est la liberté.

Ne voulant être de la vie
Ni courtisé ni courtisan,
Mon père vécut sans envie,
En honnête et simple artisan ;
Au gai mortel dont je tiens l'être,
De ressembler je me prévaux,
En sentant tout ce que je vaux
Je vis sans esclave et sans maître.
Courage et gaité, etc.

Qu'on fasse la paix ou la guerre
Avec tel ou tel potentat,
Mon esprit ne s'occupe guère
Du frêle vaisseau de l'état.
Aux grands qui seuls craignent l'orage
J'abandonne le gouvernail,
Et je vais après mon travail
Rire et boire avec l'équipage.
Courage et gaité, etc.

L'Ennui, ce fils de la Sottise,
Escortant nos caméléons,
Grâce aux fats qu'on monseigneurise
Vient se glisser dans nos salons ;
Le plaisir que partout je guette,
A mes côtés daignant s'asseoir,
Le dimanche et le lundi soir
Vient me trouver à la guinguette.

      Courage et gaîté, etc.

Rois, pour que votre éclat me blesse
Quant vous êtes dans la splendeur,
J'aperçois trop votre faiblesse
Sous le manteau de la grandeur ;
Ma noblesse vaut bien la vôtre,
D'homme gardant la dignité!
Quand je suis dans l'adversité
Je ne prends pas le bras d'un autre.

      Courage et gaîté, etc.

Avec ma vive Fanchonnette,
Au teint vif, à l'œil sémillant,
Je fredonne la chansonnette
Que je rimaille en travaillant ;
Des couronnes qu'amour dispose
Elle orne mes derniers cheveux,
Et ce n'est qu'au gré de mes vœux
Que de mon trône on me dépose.

      Courage et gaîté, etc.

Sachons que le plus grand monarque
Comme moi finira ses jours,
Le verre en main j'attends la parque
Bercé sur le lit des amours ;
De moi ne laissant nulle trace.
Aux sombres bords étant admis,
Dans le cœur de mes vrais amis
Je suis sûr d'avoir une place.

>Courage et gaîté,
>Voilà ma devise ;
>Le but où je vise
>C'est la liberté.

F. DAUPHIN.

LE PARADIS DE MAHOMET.

Air : *Il faut aimer, c'est la loi de Cythère.*

O Mahomet ! ton paradis des femmes
Est le séjour de la félicité.
C'est le vrai bien qui convient à nos ames :
Sans les amours, qu'est l'immortalité ?

Prés émaillés de mille fleurs nouvelles,
Vous le cédez à l'éclat de ces lieux ;
Voilà les fleurs, les roses les plus belles ;
Faut-il, hélas, n'en jouir que des yeux ?

O Mahomet, etc.

En contemplant le cercle de ces dames,
Au rang des dieux je me crois transporté.
L'émotion qui passe dans nos ames,
Est le garant de la divinité.

O Mahomet, etc.

Aimons, buvons, que notre sang bouillonne
Tout agité de ce double transport;
Que chacun tombe aux pieds de sa patrone,
Mais que l'amour l'eu relève d'abord.

O Mahomet, etc.

Quel changement dans tous tant que nous sommes,
Si vous cédiez à l'ardeur de nos feux!
Vous ne voyez en ce lieu que des hommes;
Un peu d'amour, vous y verriez des dieux.

O Mahomet! ton paradis des femmes
Est le séjour de la félicité.
C'est le vrai bien qui convient à nos ames:
Sans les amours, qu'est l'immortalité?

Chez l'éditeur, rue Notre-Dame-de-Nazareth, 32.

Imp. de A. APPERT, passage du Caire, 54.

Chaque exemplaire non revêtu du timbre de l'éditeur sera poursuivi comme contrefaçon.

L'EMBARRAS DU CHOIX.

CHANSONNETTE COMIQUE

Chantée par Melle **LÉONTINE**,

Au Théâtre de la Gaîté.

Paroles de M. E. BOURGET. — Musique de
M. A. MARQUERIE.

*La Musique se trouve chez M. Nadaud, 7, galerie de
la Bourse, passage des Panoramas.*

Epous'rai-j' grand Pierre ou p'tit Pierre?
Epous'rai-j' gros Jean ou p'tit Jean?
Epous'rai-j' grand Pierre ou p'tit Pierre?
   P'tit Pierre ou grand Pierre?
   Ou ben, ou ben.... ou ben p'tit Jean
     Ou gros Jean?

Entr'eux quatre je balotte,
Car tous quatr' ils m' font la cour,
Et moi qui ne suis pas sotte,
J' les écoute tour à tour.
Avec l'un j' vas à la danse,
De l'autre j'accepte le bras.
A Pierre j' donn' de l'espérance,
A Jean je ne l'ôte pas.

3e V.   *7e Livraison*

(Parlé.) **Dam,** c'est embarrassant, tout de même...
ils sont si gentils chacun dans son genre, et aimable
donc?... Seigneur de Dieu, que ces êtres-là sont aimables à eux quatre!... Petit Jean surtout qui me
flanque des tapes toutes les fois qu'y me rencontre,
que je finirai par en devenir *pomonique....* Ah? ben
oui, mais il a un trop grand nez.... faut être juste, il
a un nez affligeant... J'ai toujours peur qu'y se crève
un œil avec... ce qui fait que je me dis :

> Epous'rai-je grand Pierre, etc.

⁂

> Grand Pierre, dans un' compagnie,
> Pourrait êtr' tambour major.
> Il joue du cor d'harmonie
> Et moi j'aime fier'ment le cor.
> Les doux regards qui m'envoie
> Sont bien aimables, sur ma foi !
> Et même lorsqu'il tire à l'oie
> Ses yeux sont fixés sur moi.

(Parlé.) Il est vrai qu'y louche... mais c'est égal,
c'est un gas bien adroit. Toujours il gagne le prix et
y m' l'apporte c'tte bête... je l'empaille avec dəs mar-
rons... tout partout. Et comme y découpe !et qué ga-
lanterie ! y m'offre toujours l' morceau l' plus délicat...

le *gigier* ou ben l' cou... Mais c'est égal, foi d' Nanette, ça ne me décide pas...

Epous'rai-j' grand Pierre, etc.

On dit comm' ça qu' la meunière
Appell' p'tit Pierre son chéri...
Moi, je sais ben que p'tit Pierre
Voudrait ben êtr' mon mari.
Mais l'autr' soir à la veillée,
Gros Jean, d'un air douloureux,
M' disait qu' ma mine éveillée
Lui f'sait fair' des rêv' affreux.

(*Parlé.*) Et y a pas à dire, c'est que gros Jean, c'est l' coq du village... il est pus finaud qu' not' bedeau... y jase quéque fois avec M. le curé et même avec l' brigadier d' la gendarmerie.... Oh ! y sait causer!.... et malin, quoi !... toujours le mot pour rire... L'aut' soir encore, v'là t'y pas qui s'était déguisé en *loup-garou*... avec un grand drap blanc sur la tête.... et puis qu'il arrive derrière moi, en criant : hou! hou! hou!.. que j'ai tombé à la renvarse et que j'ai manqué en mourir de peur... et au lavoir donc, pendant que j'échangeais not' linge n' m'a t'y pas vidé un grand sciau d'eau tout plein à *raze* sur la tête que j'en ai eu la fièvre pendant

plus d' quinze jours.... En v'là un fameux farceur !...
Eh ben, malgré tous ses agrémens, j'hésite et je m' dis :

Epous'rai-j' grand Pierre, etc.

Mais y a trop longtemps qu' ça traîne,
Sur moi l'on f'rait du cancan.
A la saint Martin prochaine
J' s'rai mam' Pierr' ou ben mam' Jean.
Si j' continuais davantage
A fair' des difficultés,
On croirait dans le village
Que j'ai des difformités.

(*Parlé,*) C'est dommage que j' puisse pas les épouser
tous les quatre à la fois... mais le *Coq civil* ne l' per-
mettrait pas... tiens ! que j' suis simple... et le veuvage
donc?... y n'a pas été inventé pour les nentilles... ma
tante Potichon s'est bien remariée cinq fois... Allons,
allons, v'là qu'est dit :

Commençons d'abord par grand Pierre,
Après ça j'épous'rai p'tit Jean,
Après ça j'épous'rai p'tit Pierre,
    J'épous'rai p'tit Pierre,
Et puis, et puis, puis j' finirai par gros Jean.

Propriété de l'Éditeur.

M. ET Mme RIGOBERT

Musique de l'auteur des paroles.
Ou AIR : *Vieilissons sans regrets.*

Tiens, Nina, tiens, mon cœur,
C'est aujourd'hui notre fête,
Je veux en tête à tête
   Faire ton bonheur.

Quel beau jour se prépare,
Mamour ! après dîner
Envoyons promener
Et ma goutte et ton catarrhe.   Tiens, etc.

Pour me charmer, mon ange,
T'as tes mules nankin,
Ton plus beau casaquin
Et tes *nenets* de rechange.   Tiens, etc.

Pour te fêter, ma mie,
Vois, on est encor vert.
Pour la saint Rigobert,
J'ai certaine économie....   Tiens, etc.

Friponne ! tu me tentes,
A mon mets favori

Tu joins le céleri
Et les truffes odorantes.   Tiens, etc.

Allons, verse sans cesse
Le Bordeaux, le Mâcon ;
Des flancs d'un vieux flacon
Faisons sortir la jeunesse,   Tiens, etc.

Les amours et la braise
Au contact prennent feu.
Rapprochons donc un peu
Nos tisons et notre chaise.   Tiens, etc.

Pour compléter l'ivresse,
Du café du wisky,
D'un doigt de riquiqui
Ravigotons la tendresse.   Tiens, etc.

Sirotons goutte à goutte
Le coup de l'étrier.
Puis le limonier
Au trot va se mettre en route.   Tiens, etc.

L'amour, brillant de flamme,
Elève son guidon,

Voyez! mais voyez-donc
Comme on est flambant, madame! Tiens. etc.

Ciel! quel guignon!... j'enrage!...
En moi, quel changement!...
Bobonne, promptement,
Viens étayer mon courage!!   Tiens, etc.

Vains efforts! la flamèche
S'éteint en tapinois;
Cupidon au carquois
Doucement rentre sa flèche.   Tiens, etc.

Dans mon voyage équestre
Je reste en route.... mais,
Mon chat, je te promets
La suite à la saint Sylvestre.

Tiens, Nina, tiens, mon cœur,
Je ne saurais, pour ta fête,
En ce doux tête-à-tête,
    Faire ton bonheur...

L. FESTEAU,

N. B. Cette chanson est extraite des Œuvres de M. Louis Festeau, et fait partie de son dernier volume ayant pour titre *les Egrillardes*, paraissant en 12 livraisons de 32 pages grand in-32, à 25 centimes, accompagnées chacune d'une gravure sur acier: le volume aura 32 airs notés. Les six premières livraisons sont en vente chez l'Editeur, rue Notre-Dame-de-Nazareth, 32, à Paris.

LE MÉNAGE DE GARÇON.

Je loge au quatrième étage;
C'est là que finit l'escalier.
Je suis ma femme de ménage,
Mon domestique et mon portier.
Des créanciers quand la cohorte
Au logis sonne à tour de bras,
C'est toujours en ouvrant ma porte,
Moi qui dis que je n'y suis pas.

De tous mes meubles l'inventaire
Tiendrait... un carré de papier;
Pourtant je reçois d'ordinaire
Des visites dans mon grenier.
Je mets les gens fort à leur aise;
A la porte un bavard maudit;
Tous mes amis sur une chaise
Et ma maîtresse sur mon lit.

Gourmand, vous voulez, j'imagine,
De moi pour faire certain cas,
Avoir l'état de ma cuisine;
Sachez que je fais trois repas:

Le déjeûner m'est très facile,
De tous côtés je le reçoi ;
Je dîne tous les jours en ville,
Et ne soupe jamais chez moi.

Vers ma demeure quand tu marches,
Jeune beauté, va doucement.
Crois-moi : quatre-vingt-dix-huit marches
Ne se montent pas lestement.
Lorsque l'on arrive à mon gîte,
On éprouve un certain émoi.
Jamais, sans que son cœur palpite,
Une femme n'entre chez moi.

Je suis riche, et j'ai pour campagne
Tous les environs de Paris ;
J'ai mille châteaux... en Espagne ;
J'ai pour fermiers tous mes amis.
J'ai pour faire le petit-maître
Sur la place un cabriolet ;
J'ai mon jardin sur ma fenêtre,
Et mes rentes dans mon gilet.

Je vois plus d'un millionnaire
Sur moi s'égayer aujourd'hui ;

Dans ma richesse imaginaire,
Je suis aussi riche que lui,
Je ne vis qu'au jour la journée ;
Lui, vante ses deniers comptants ;
Et puis à la fin de l'année
Nous arrivons en même temps.

Un grand homme a dit dans son livre
Que tout est bien, il m'en souvient.
Tranquillement laissons-nous vivre,
Et prenons le temps comme il vient.
Si, pour récréer ce bas monde,
Dieu nous consultait aujourd'hui,
Convenons-en tous à la ronde,
Nous ne ferions pas mieux que lui.

Ju. PAIN.

LES TONNELIERS.

Air : *Salut trône d'airain, etc.*

En chantant l'on boit mieux : chantons, gais Tonneliers ;
Faisons-nous de l'ouvrage en vidant les celliers !

C'est nous que la liqueur vermeille
A pour ministres favoris ;
C'est nous qui mettons en bouteille
Ce ferment des jeux et des ris ;

Aussi, fiers de notre besogne,
De plus, intrépides buveurs,
Nous prenons part à ses faveurs :
Contemplez notre rouge trogne !!!

    En chantant, etc.

Boire sans cesse, quelle ivresse !
Dans le métier je me complais.
Bons travailleurs ; point de paresse,
Gerbons nos fûts et nos couplets.
Est-il un Panthéon plus noble
Que notre atelier, l'*Entrepôt ?*
Goûtons, en trichant sur l'impôt,
Du produit de chaque vignoble !

    En chantant, etc.

Un certain drôle, Diogène,
Avait un tonneau pour maison ;
Je lui garde éternelle haine,
A moins qu'il n'eut pas sa raison...
Eh quoi ! loger dans une tonne !
Priver peut-être d'un abri
Quelques flots de ce jus chéri
Que donne l'adorable automne !

    En chantant, etc.

Vive une fraîche et jeune fille
Pour inspirer doux sentiment!
Deux grands yeux noirs où l'amour brille,
Voilà son plus bel ornement ;
La marquise de Prétintaille
Etale en vain ses oripeaux,
A quoi servent de beaux *cerceaux*
Sur une vilaine *futaille?*

En chantant, etc.

A la cave retourne vite !
Il nous faut à chacun trois brocs.
Notre dieu, juge du mérite,
Nous compte parmi ses héros.
De vin nos bouches sont avides!!!
Ne sais-tu pas, vieux sommelier,
Que le ventre d'un tonnelier,
C'est le *tonneau des Danaïdes !*

En chantant l'on boit mieux: chantons, gais tonneliers,
Fesons-nous de l'ouvrage en vidant les celliers!

EMILE VARIN.

Chez l'éditeur, rue Notre-Dame-de-Nazareth, 32.

Paris. — Imprimerie de A. APPERT, passage du Caire, 54.

LA MOUCHE

DU
TAMBOUR - MAJOR.

SCÈNE POPULAIRE,

Exécutée par M. LEMÉNIL,

Au Théâtre du Palais-Royal.

Paroles de MM. NUMA ARMAND et E. BOURGET.

Musique de VICTOR PARIZOT.

La Musique se trouve chez M. J. Meissonnier,
22, rue Dauphine.

(*Parlé*) Hé! Pichu, ohé! houp! descends-tu? v'là
qu'on bat le réveil à la caserne des pousse-cailloux;
dépèche-toi donc, j' vas manquer la sortie de mon
tambour-major!.... ah! qu' t'es long!.... Faites ex-
cuses, la portière, c'est le p'tit Pichu qui d'mande à
sortir.... (*Criant de toutes ses forces :*) LE CORDON S'IL
VOUS-PLAIT !...

3e v.   8e *Livraison.*

Filons vit' p'tit Pichu, le régiment s'aligne.
Y a parade à c' matin pour mon tambour-major;
Adroit'ment faufil' toi dans les rangs de la ligne,
Attention, suis-moi bien, v'là l' régiment qui sort.
Rrrran, rrrran, rrrran, plan, plan.

(Parlé.) Tiens, ous' qu'il est donc mon tambour-major?... *(Le tambour-major :)* Ah ! ah ! te voilà, toi, moucheron?... — Un peu qu' c'est moi, mon monument ! Eh ! BONJOUR, MON MAJOR, DES TAMBOURS LE PLUS HAUT, QUE VOUS ÈTES JOLI, QUE VOUS ME SEMBLEZ BEAU !... — Allons donque..... sortez de d' là, les pétiots ! — Oui, mon obélisque !... n'est-ce pas Pichu qu'il est beau le colosse?... on dirait le luxor.... ne vous inquétez pas mon Goliath, derrière vot' bonnet, j' vas marcher à l'ombre.... — Filez donc les moutards, vous ostruez la circulation.... — Du tout, allez, major, j' veille au grain.... circulez vous autres, touchez pas !... vous allez effaroucher mon pacha resplendissant; pas accéléré, en avant, marche !... emboit' donc l' pas p'tit Pichu !...

En avant, mon tambour,
J' suis tambour à mon tour,
J'ai trouvé mon emploi,
C'est d' la chanc' sur ma foi !
Le tambour est à moi,
Tout à moi, bien à moi,

Rien qu'à moi, tout à moi,
Rien qu'à moi ! quoi !
Brré, blé, blé, blé, blé, blé, blé,
Brré, bé, dé, blé, bé, dé, blé, blé, blé.   } Bis.

C'est pas l' tout, y faut voir comme avec sa bell' canne
Mon géant de major fait l' moulinet dans l'air ;
Il a pris c' fameux jonc, z'avec quoi z'y s' pavane,
Au cou, *de l'Athénien*, à c' gueux d'Adelkaler.
Rrrran, rrrran, rrrran, plan, plan.

(*Parlé.*) Hein !.. non d'un !.. qué canne y vous a...
oui, p'tit vieux.... magine-toi qu'il a butiné ce jonc
phénoménal sur le sol africain.... c'était la CANNE FA-
VORITE d'un MARABOUT qui la maniait comme une
plume.... n'est-ce pas, gigantesque, que grâce à la
-victoire, vous la lui chipâtes militairement avec deux
chameaux, une pipe et des bas rouges?... pas vrai, superbe homme?... — C'est bon, c'est bon pétit, je suis
content de ta narracillon. — (*Regardant en l'air :*)
Tiens, à toi l' grand moulinet!... r'garde donc, Pichu,
sa canne qu' est allée faire un tour dans la lune....
bravo! mon triomphateur!... — Arrière, galopins, ou
j' vas jouer du bâton!... — Oh! là! là!... méfie-toi et
double le pas p'tit Pichu!...

En avant, mon tambour,
J' s'rai tambour à mon tour,

J'ai trouvé mon emploi,
C'est d' la chanc' sur ma foi !
Le tambour est à moi,
Tout à moi, bien à moi,
Rien qu'à moi, tout à moi,
Rien qu'à moi ! quoi !

Dieu de Dieu ! quel honneur ! voyez-vous, mon grand'homme
Le beau sexe empressé qui vous lorgne au balcon ;
La beauté capitule et vous cède la pomme,
Sans donner un coup-d'œil au chef de bataillon.
Errran, rrrran, rrrran, plan, plan,

(Parlé.) Mais r'gardez donc !... pu qu' ça d' jolies femmes !... excusez !... en v'là des brunes et des châtaignes pour tous les goûts.... — Oui, ce sont de mes viquetimes.... elles me dévorent des yeux, les malh'reuses.... — Tiens !... la troupe qui prend le pont des Arts, qué luxe !... Dis donc, Pichu, as-tu deux monaco ?... — Merci, j'aime mieux de la galette. — Qué bétise !.... faut faire le tour.... en v'là un malheur !... de ne pas avoir ses entrées sur le pont des Arts.... quatre à quatre au galop !... nous les rattraperons au pont Royal... emboit' donc l' pas de course, p'tit Pichu !...

Sans adieu, mon tambour,
Mon amour de tambour,

C'est d' la chanc' sur ma foi,
J'ai trouvé mon emploi!
Le tambour est à moi,
Tout à moi, bien à moi,
Rien qu'à moi, tout à moi,
Rien qu'à moi! quoi!

Arrêtons-nous ici, l'aspect de la parade
Fait battre de plaisir, le tambour et mon cœur ;
Tu vas m' voir enfoncer notre immense camarade,
Oui, du tambour-major, je veux être vainqueur.
Rrrran, rrrran, rrrran, plan, plan.

(Parlé.) Tiens!... on ferme la grille.... oh!... laissez-moi passer mon ancien! — On n' passe pas! — Laissez-moi passer! — On ne passe pas! — Oh! j' connais l' tambour-major, y m'a invité à dîner... psitt!... major! hé tambour!.. mon pacha! mon bel homme!.. n'est-ce pas qu' j'en mangerai des haricots de la caserne?... — Tais-toi gringalet!... — De quoi, gringalet!... plus souvent que j'en voudrais.... moi.... me mastiquer l'estomac avec?... merci, tu peux bien les pincer tout seul, les flageolets du gouvernement.... *(D'un air piteux :)* Va donc, grand bêtât... tu n' peux pas seulement m' faire entrer aux Tuileries... j' m'en fiche pas mal, j'en connais un autre de tambour-major, qui vaut deux cents francs de plus qu' toi... il est plus grand, et décoré.... et plus joli, avec un plus beau

sabre et un plus gros plumet!... faux bel homme!...
il a des talons de huit pouces.... *(Criant :)* Marche
donc au pás!.. va donc au pas!.. v'là qu'y s' trompe;
oh! oh!... y patauge!... il est cagneux... v'là qui
mousse!... dit's donc, chirurgien, faites-y donc poser
les sangsues à vot' tambour-major... faites-lui avaler
une boulette, à c't homme.... il écume!... on n' rage
pas comme ça dans les rangs.... c'est pas permis!...
est y vexé, c' malin qu'avait l'air de manger des épées
en salade.... adieu, vieux catafalque!... vieux saule-
pleureur doré sur tranche!....

Va-t-en donc, vieux tambour,
Va donc, vieux troubadour,
Tu veux m' faire la loi,
Mais j' suis plus malin qu' toi!
Plus tard, dans ton emploi,
Oui plus tard, sur ma foi,
J' s'rai mieux qu' toi, bien mieux qu' toi,
Oui mieux qu' toi! moi!

Propriété de l'Editeur.

LE FIL DE LA VIERGE.

ROMANCE.

Paroles de M. MAURICE DE SAINT-AGUET.

Musique de M. P. SCUDO.

La Musique se trouve rue N.-D.-de-Nazareth, 32.

Pauvre fil qu'autrefois ma jeune rêverie,
    Naïve enfant,
Croyait abandonné par la Vierge Marie
    Au gré du vent;
Dérobé par la brise à son voile de soie,
    Fil précieux,
Quel est le chérubin dont le souffle t'envoie
    Si loin des cieux?
Viens-tu de Bethléem, la bourgade bénie,
    Frêle vapeur
De l'encens qu'apportaient les mages d'Arménie
    Pour le Seigneur?
Sous les palmiers du Nil, la ronce te prit-elle,
    Au manteau bleu;
Où la Reine des cieux, fugitive et mortelle,
    Cachait un dieu?

Détaché quelque part de sa blanche auréole,
    Oh! quand tu viens,

Furtif et méconnu comme un faible symbole
　　Des vieux chrétiens,
Oh ! je t'aime ! vois-tu, parce qu'une croyance,
　　Est avec toi !
Tu viens comme un lambeau de la première enfance
　　Et de sa foi !
Tu viens, comme autrefois les blanches tourterelles,
　　Discrets courriers,
Portant un peu d'espoir, suspendu sous leurs ailes,
　　Aux prisonniers ;
Tu me rends d'autrefois les tranquilles soirées,
　　Et les enfants,
Et les vierges, marchant dans les fêtes sacrées
　　En voiles blancs.

Et ce temps d'innocence où l'âme est toute éprise
　　Pour une fleur,
Quand l'orgue aux longs accords soupirait dans l'église
　　Avec mon cœur ;
Quand l'ombre de ma mère, attentive et charmée,
　　Venait le soir,
Ecarter les rideaux de l'alcôve fermée
　　Pour mieux me voir ;
Adieu, pauvre fil blanc. Je t'aime... Vole encore !
　　Mais ne vas pas
T'arrêter au buisson dont l'épine dévore
　　Et tend les bras !
Ne te repose pas quand du haut des tourelles,
　　Le jour a fui :
Vole haut, près de Dieu ; les seuls amours fidèles
　　Sont avec lui.

MON AMI RÉMI.

Air : *Allez-vous-en gens de la noce.*
Ou : *Monseigneur, donnez-moi mon compte.*

Comme les biens de cette vie
Se partagent en amitié,
Un ami, que chacun m'envie,
Chez moi dans tout est de moitié ;
Aussi mon cœur, en récompense,
Ne l'aime-t-il pas à demi :

    Ce bon Rémi !
    Ah ! quel ami !...
C'est la divine providence
Qui m'envoya ce cher ami.

Il me fit un épithalame
Le jour où j'engageai ma foi ;
Et quant à l'honneur de ma femme,
Il en est plus jaloux que moi.
En lui tous mes rivaux, je pense,
Trouveraient un rude ennemi.   Ce bon, etc.

D'abord ma femme fut jalouse,
De l'amitié qu'il me portait ;
Pour plaire à cette digne épouse
Je ne sais ce qu'il n'a pas fait :
A force de soins, de constance,
Il en vint à bout, Dieu merci !   Ce bon, etc.

Un soir, revenant de Vincennes,
Rémi, maudissant les coucous,
Voit que mon épouse me gêne;
Vîte, il la prend sur ses genoux.
Tandis qu'il souffrait en silence,
Comme un bienheureux j'ai dormi... Ce bon, etc.

Il faut voir comme il est aimable
Quand il tient un chapon truffé.
Pour qu'il préfère ainsi ma table
Il faut que je sois né coiffé.
C'est par ma santé qu'il commence
Dès qu'il attaque mon chabli.   Ce bon, etc.

Enfin, tout le monde en raffole :
De mes enfans c'est le bijou ;
Ma femme en est à moitié folle,
J'en suis déjà tout à fait fou.
Mon gros chien, plein d'intelligence,
M'étranglerait, je crois, pour lui...

    Ce bon Rémi !
    Ah ! quel ami !...
C'est la divine providence
Qui m'envoya ce cher ami.

MARCILLAC.

L'OREILLE.

Air : *du Remouleur.* (L. Festeau).
Ou : *L'azile aux Muses consacré.*

J'ai pour voisin certain ami,
Pauvre, isolé dans sa chambrette ;
Près de nous il souffre, il gémit,
Et la cloison est insdiscrète.
N'ajoutons pas à sa douleur
Par notre amour qui se réveille :
Cachons-lui bien notre bonheur ;
Lise, parlons-nous à l'oreille.

J'entends déjà ta douce voix
Qui se ranime avec l'aurore ;
Mais chante plus bas, car je crois
Que mon voisin sommeille encore.
Peut-être rêve-t-il d'amour ;
Craignons alors qu'il ne s'éveille :
Hélas ! un beau rêve est si court !
Lise, parlons-nous à l'oreille.

Je crains qu'un amer souvenir
Ne brise son ame souffrante,
Lorsque nous parons l'avenir
Des songes que l'ivresse enfante.

L'espoir nous sourit... Tu le vois,
Combien ton ame s'émerveille !
Le sien fut déçu tant de fois..
Lise, parlons-nous à l'oreille.

De quel éclat brillent tes yeux !
Oui, bientôt tu vas être mère :
Ce bonheur qu'appelaient nos vœux,
Lise, n'est plus une chimère.
Mais chut ! notre ami nous entend ;
Que l'humanité nous conseille :
La mort a frappé son enfant...
Lise, parlons-nous à l'oreille.

Privé de biens, dans mon réduit,
L'amour me tient lieu de richesse ;
La misère qui me poursuit
Se dérobe sous tes caresses.
Ils sont passés, pour lui, ces jours
A l'aube riante et vermeille ;
Il est pauvre, il n'a plus d'amours..
Lise, parlons-nous à l'oreille.

A. BARBE.

Chez l'éditeur, rue Notre-Dame-de-Nazareth, 32.

Imp. de A. APPERT, passage du Caire, 54.

*Chaque exemplaire non revêtu du timbre de l'éditeur sera
poursuivi comme contrefaçon.*

LA DÉMÉNAGÉOMANIE,

CHANSONNETTE COMIQUE,

Chantée par M. ACHARD,

Au Théâtre du Palais-Royal.

Paroles et Musique de M. AMÉDÉE DE BEAUPLAN.

La Musique chez M. Meissonnier, 22, rue Dauphine.

Moi, je déménage,
Au moins trois fois par an, je gage,
Sans nulle difficulté,
Rien ne me met plus en gaîté
Dans mon petit ménage,
Du cahos, à la vérité,
C'est un peu l'image ;
Mais au total c'est charmant,
Aimez-vous le changement ?
Voulez-vous du mouvement ?
Pour avoir de l'agrément,
Vite un déménagement.
C'est charmant, c'est charmant,
Vive un déménagement !

L'an dernier je m'étais perché
En plein nord pour fin de décembre ;
Transi de froid, bien que couché,
Je ne me sentais plus un membre.
Je fais volte face au midi,
Mais sous les toits je suis rôti !

3ᵉ v.   9ᵉ *Livraison.*

1842

Je veux décidément essayer du levant.
Si je m'y trouve mal, morbleu !... j'ai le couchant.

Moi, je déménage, etc.

Je me case assez volontiers,
Sur la rue au rez-de-chaussée ;
Je suis un peu près des portiers,
Mais la chose est bien compensée!
Qu'un propriétaire exigeant
Me relance pour son argent,
Soit l'hiver ou l'été, avec agilité,
Ma fenêtre m'obtient crédit... illimité !

Moi, je déménage, etc.

A travers bouteilles et pots,
Dont je suis riche outre mesure,
Ma femme et mes quatre marmots,
Font la plus plaisante figure !
Dans la marmite mon chapeau!
Dans ma botte on trouve un couteau !
Désordre universel ! le poivre est dans le sel.
Où diable a-t-on pu mettre un meuble essentiel?...

Moi, je déménage, ete.

Je conviens que mon mobilier
Cloche un peu par maintes defaites ;
Ma commode n'a plus qu'un pied,
J'ai perdu toutes mes roulettes,
Mon portrait, tableau précieux,
S'est laissé crever les deux yeux.
C'est comme un fait exprès, trois chaises que j'avais,
N'ayant plus un seul dos me font... trois tabourets!

Moi, je déménage, etc.

Depuis six mois presque complets,
La musique me persécute ;
Du plus aigu des flageolets,
Je suis tombé sur une flûte
Qui me souffle éternellement
L'air : Ah ! vous dirais-je maman....
C'est par trop rococo ! je déserte ; il me faut
Un cornet à piston pinçant du Huguenot.

    Moi, je déménage, etc,

En amour je suis très heureux,
Par mes voisines je l'éprouve,
Mais tout a son côté fâcheux ;
Fort aisément je vous le prouve.
Après les plus tendres discours,
Au dieu d'hymen a-t-on recours?..,
Au revoir, cher objet, mon cœur est satisfait.
J'en ai quatre à nourrir... bien obligé... complet !
    Si je déménage
Au moins trois fois par an, je gage,
    Sans aucune difficulté,
C'est pour apporter de la gaîté
Dans mon petit ménage ;
Du cahos, à la vérité,
C'est un peu l'image ;
Mais au total c'est charmant !
Aimez-vous le changement ?
Voulez-vous du mouvement?
Pour avoir de l'agrément,
Vite un déménagement.
C'est charmant, c'est charmant,
Vive un déménagement !...

        Propriété de l'Editeur.

L'AVENIR EST A NOUS !

Pourquoi tirer des oracles funèbres,
Quand l'horizon est en proie aux autans ?
L'éclat du jour remplace les ténèbres ;
Après l'hiver apparaît le printemps.
Pauvres mortels ! contre un mal transitoire
Nous aurions tort d'armer notre courroux :
Le temps passé n'appartient qu'à l'histoire ;
Mais l'avenir..... l'avenir est à nous !

Il ne faut pas de nos vieilles injures
Éterniser le triste souvenir ;
A quoi nous sert de r'ouvrir nos blessures ?
Hier n'est plus, aujourd'hui va finir.
Des maux soufferts, quand on perd la mémoire,
Du présent même on peut braver les coups :
Le temps passé n'appartient qu'à l'histoire,
Mais l'avenir, l'avenir est à nous !

Sur une mer en naufrages féconde,
Le vrai marin sait défier le sort ;
Quand son esquif est emporté par l'onde,
Perd-il l'espoir de retrouver un port ?
Après l'orage, à son observatoire,
Le nautonnier attend un ciel plus doux :
Le temps passé n'appartient qu'à l'histoire,
Mais l'avenir, l'avenir est à nous !

N'écoutez pas ce froid économiste
Qui veut au croc pendre nos rateliers ;
Nos appétits, que la disette attriste,
Ont-ils vidé nos granges, nos celliers ?
Pourquoi cesser de manger et de boire ?
La vigne grimpe et les blés font leurs trous...
Le temps passé n'appartient qu'à l'histoire,
Mais l'avenir, l'avenir est à nous !

Enfants déchus de ce puissant empire
Dont l'univers admira les exploits,
On nous a vus mendier un sourire
Dans ces palais où nous dictions des lois.
Rois oublieux ! notre ancienne gloire
Ne sera pas toujours à vos genoux...
Le temps passé n'appartient qu'à l'histoire,
Mais l'avenir, l'avenir est à nous !

Oui, sur nos fronts, ou les rides s'amassent,
Ne gravons pas d'inutiles regrets ;
Ce globe tourne, et si les hommes passent,
Les nations ne vieillissent jamais.
Un peuple jeune, à notre territoire,
Rendra ces biens que nous regrettons tous :
Le temps passé n'appartient qu'à l'histoire,
Mais l'avenir, l'avenir est à nous !

HENRY SIMON.

C'EST DEMAIN QU'IL ARRIVE !

ROMANCE.

Paroles et Musique de M. Frédéric BÉRAT.

*La Musique se trouve chez M. Schonenberger,
boulevard Poissonnière, 20.*

Quel beau jour ! quel beau jour !
C'est demain qu'il arrive !
Je pleurais son amour.
A Dieu je disais, chaque jour :
    Fais qu'il vive,
Et permets son retour !
C'est demain qu'il arrive !
Quel beau jour ! quel beau jour !
C'est demain, oui, demain qu'il arrive !

Quand il s'éloigna du village,
C'était à qui le conduirait.
Chacun lui disait : bon courage !
Le soir encor, chacun pleurait.
Dans le silence et la prière,
Ce jour-là, toute à ma douleur,
Moi, j'ai pleuré dans la bruyère,
Son dernier bouquet sur mon cœur,
Là, je croyais encor l'entendre
Me dire : « A toi je penserai.
Ne te lasse pas de m'attendre,
Marie, adieu.... je reviendrai... »

Quel beau jour ! quel beau jour ! etc.

Pour deux ans d'absence et de peine,
Qu'il me rapporte de bonheur!
De simple soldat, capitaine!
Que de courage et quel honneûr!
Songeant aux malheurs de la guerre,
Son sort bien souvent m'effraya:
Un jour, j'en parlais à son père...
J'ai bien cru mourir ce jour là!
Nul ne peut, me dit-il, sur terre,
Parer le coup qui le tûra.
Va, vieux soldat, crois-moi, ma chère,
Dieu sait lui seul s'il reviendra!

Quel beau jour! etc.

Demain, la première levée,
La première, je veux le voir.
Demain, seule, à son arrivée,
Sur le coteau j'irai m'asseoir.
Là, quand devant le cimetière,
Son régiment défilera;
Malgré la foule et la poussière,
A mes regards il s'offrira.
En cet instant, de sa paupière
Une larme s'échappera:
Il passera près de sa mère,
Et j'en suis sûre, il salûra!..:

Quel beau jour! quel beau jour! etc.

Gaëtan il Mammone,

COMPLAINTE

Dédiée à M. Frédéric Soulié.

Air de Fualdès.

Accourez, gens de la ville,
De Chatou, de St-Germain,
De Romainville et Pantin,
De St-Cloud, de Belleville.
Voir Gaëtan il Mammon,
Général des Lazzaron.

Gaëtan, comme on l'appelle,
Aim' d'un amour malheureux
Une italienne, un bas-bleu,
Léonora Pimentelle,
Qui gagne sa vie, dit-on,
A composer des chansons.

Betty Stec, ex-servante,
A renié Gaëtan
Qui jadis fut son amant
A la suite de soixante.
Cette femme faite au tour
Dépense beaucoup d'amour.

La Léonora méprise
Lady Melton Betty Stec.

Fort poliment d'un ton sec
L'abomine de sottise.
C'est bien fait, tant pis ; ment-elle ?
La signora Pimentelle.

Lord Morton, pair d'Angleterre,
Père de George son enfant,
Père aussi de Gaëtan.
Père d'une famille entière.
Est père aussi dans le ciel,
Car c'est le père éternel.

L'Italie, patrie intime,
De la Muette de Portici,
De Catarina aussi
Qui vient dire en pantomime
Que des Français nés malins
Se sont conduits en gredins.

A mort les Français ! s'écrie
Le vieux père Chevrier,
Faut tous les escofier.
Mais Léonora supplie
Tant Gaëtan, tant et tant
Que Gaëtan est content.

Léonora, en pauvresse,
Vient engourdir Gaëtan,
L'entortiller, attendant
Qu'on prenne sa forteresse.
Lors Gaëtan tout coufus
Dit qu'on ne l'y prendrait plus.

Défendant la citadelle,
Le grand papa Gaëtan
Est frappé mortellement
D'une blessure mortelle.
Chacun, hélas ! le croit mort,
Mais p'tit bonhomme vit encor.

Franchesco dans sa vengeance
Devient un vil sacripan,
Un vrai bourreau, un sergent
De ville ; plein d'arrogance.
Précipitant George à l'eau
D'un coup de couteau au dos.

Morton connaît peu d'obstacle
Pour retrouver son enfant.
Il vient dire à Gaëtan :
« Tu crois donc être au spectacle?
« Il faut qu'ici sans retard
« Tu me rendes mon bâtard. »

Léonora roule et berne
Gaëtan comme un tonton,
Lui f'sant croir', le croirait-on,
Qu' des vessies sont des lanternes,
En disant à chaque instant :
« J' taime, — non pas, — si fait — je mens. »

Betty Stec, que rien n'arrête,
Dit tout bas au lazzaron :
« Vous êtes un cornichon,
« Un vrai crétin, une bête ;

« Vous vous supposez heureux,
« Je sais qu'on vous fait la queue. »

Gaëtan; tout plein de rage,
Dit : « Parbleu, je m'en doutais. »
Tirant alors son stylet,
Se venge sur le ménage
Pour connaitre le complot,
Il brise le pot à l'eau.

Le vieillard, plein de faiblesse,
Certain qu'on l'a mis dedans,
Saisissant bien le moment,
Se défait de sa compresse.
N' pouvant descendre au cercueil,
Y d'vient aveugle à vue d'œil.

On vient arrêter chez elle
La pauvre Léonora.
Le gendarme lui dit : Ça
« Vous apprendra, mademoiselle,
» Qu'y n' faut, sans être soldat,
S' mêler d'affaires de l'Etat. »

Gaëtan devient tout jaune
De ne pouvoir épeler
Un arrêt sur un papier,
Pour savoir ce qu'en vaut l'aune.
La muette, là par hasard,
Le lui traduit en Sicard.

Lord Morton se met en quatre
Pour sauver Léonora.

Mais on lui dit : hale-là
« Votre vaisseau doit combattre
« Bonaparte sans pareil.
Nous le savons de Marseille.

La Léonora s'évade
 Pendant la procession.
Gaëtan devient de son
Père le garde-malade.
Chacun comme Betty Stec
Reste ouvrant un large bec.

Ayant fini , fin finale,
Par cet heureux dénoûment,
 Tout chacun doit en sortant
Pratiquer cette morale :
Qu'il ne faut, c'est entendu,
 Sauter plus haut qu'on ne put.

Chez l'éditeur, rue Notre-Dame-de-Nazareth, 32.

Paris. — Imprimerie de A. APPERT, passage du Caire, 54.

JÉROME BLOQUET,

OU

LE RETOUR DE PAEIS.

SCÈNE COMIQUE

Exécutée par PAUL BONJOUR.

Au Théâtre du Vaudeville.

Paroles de LETEILLIER, Musique de MARQUERIE.

La Musique se trouve chez M. A. Grus, boulevart Bonne-Nouvelle, 31.

———❧———

De mon enfance
Je vois l' séjour,
Après m' n'absence,
Me v'là de r'tour;
Ah! que j' sis ais'! c'est man village!
J' respir' près d' vous, près d' vous mes bons amis,
Y a pas d' danger que je r'voyage,
Loin du pays, pour aller voir su gueux d' Paris.

(*Parlé.*) Ah! ben pas souvent qu'on m'y rattrapera,
faut vous dire qu' c'est man cousin qui m'a amené à
c' Paris; comme il est l' conducteux d' la *Gaillarde*

3° v.   10e *Livraison*

qui passe au tourniquet, et qu'il a un poste élevé dans c'te voiture, y m'a dit comme ça : dis donc Bloquet, veux-tu venir avec moi à *Paris ?*—j' veux ben cousin ; — monte là haut, — j'ai monté en haut, et pis j'avons t'été ensemble ; c'est moi qu'étais cotent, ah ! j'étais s cotent, qu' j'en ouvrais les yeux dans la rue, comme une oie qu'on plume à vif dans un' basse-cour ; je fisquais, je r'gardais, je r'luquais d' tous côtés et pis ailleurs ; mais queu désenchantement ! je n' voyais qu' des tas d' maisons, d' la boue, des pavés et des voitures, ah ! des régiments d' voitures, bout à bout, file à file, queue à queue, qui n'y a pus d' place pour marcher par terre, c' qui fait qu' chacun ça va t'en voiture ; ah ! ben bon ! marci, cousin, marci d' votr' Paris, que j' li dis.

> Faut que j' soye imbécile
> D'êtr' v'nu, ma foi,
> Voir d' si loin, dans c'te ville,
> Des gens comm' moi.   (Bis.)

> Pour te fair' rire,
> Mon cousin m' dit,
> Je vas t' conduire
> Au bal c'te nuit ;
> Moi qui n' connais pas la rubrique,
> Y m' mên', y m' mên' chez un mossieu Musard,

Où, sous l' prétext' d' fair' d' la musique,
Sans nul égard, on vous rend sourd à coups d' pétard.

(Parlé) Eh! ben, vous m' crairez si vous voulez, à c't' opéra, c'est point divertissant, y z'avaient l'air de bouder tous, avec leux dominos noirs, aussi j'y ai pas moisi; et l' lend'main donc, quelles z'aventures, j'étais sus l' boul'vard, j' vois du monde amassé, j' m'amasse avec, c'était un biau mossieu qui vendait du cirage, y jabotait, s'ti là qu'y avait coupé l' filet n'avait point volé s' n'argent; fallait l'entendre débiter sa drogue, n'y avait rien d' meilleur au monde; tout à coup, i aperçoit mes souliers qu'étions tout blancs, y m' prend l' pied, crac, y m' cire mon soulier en un clin d'œil, qu' c'était comme un vrai miroir; vous êtes ben honnête que j' li dis, à l'autre, y n'a jamais voulu m' cirer l'autre, ça fait que je m' sis en allé avec un soulier propre et un soulier crotté; hein? queu drolerie! Eh! ben un p'tiot pus loin, j' m'arrête encore pour r'garder, v'là un autre mossieu qui m' prend au collet, par l' collet de m' n'habit, et qui dit qui va m' détacher; là d'ssus, y prend une brosse, de l'eau et une piarre, et pis le v'là qui frotte, qui frotte, qui frotte, enfin, quand il a eu ben frotté, y m' dit qui n'y a pus d' tache à m' n'habit; pardine! j' crais ben, il avait enlevé l' collet avec la tache; ah! beu, tâche qu'on m'y reprenne... va...

Faut que j' soye, etc.

Quéqu'un m' conseille,
L' jour d'avant z'hier,
D' voir la marveille
Du chemin d' fer;
Pour lors, j' m'enbarqu' dans des charettes,
Qu'a d' s'inventions, qu'a d's'inventions, de p'tits fournaux,
Ça march' tout comm' sur des roulettes,
Par des tuyaux, qui remplacent l' systêm' des ch'vaux.

(*Parlé.*) Y z'appellent ça la vapeur, mais en co-
cience y a pus d' fumée qu' d'autr' chose, j'en étais
aspbisquié, quoi! et pis c' qui m' déplaît, c'est qu'on
est arrivet tout d' suite, on n'a pas l' temps d' rester
en voiture, j'étions pas putôt partis, qu' j'étions r've-
nus; en sortant de c'te machin', j'ai été m' prom'ner
dans un endroit qu'on appelle les Champs-Elysées;
j' sais pas pourquoi y y avait là un homme qu'avait
d'vant lui une tête en bois avec du cuir, drais qui
m' voit y m' dit: — tapez là-dessus, june homme, pour
voir vot' force, — je n' fais ni eune ni deux, pour y
faire plaisi, j' détache un coup d' poing si dru que
j' m'en démets l' poignet. — *Trois cents!!!* queu
coup d' poing, qui dit, vous êtes fort, c'est deux sous,
— deux sous, que j' li dis, — oui, deux sous, que
m' dit, — ah! ça mais, qui qu' ça veut dire, vous
m'arrètez dans mon ch'min, vous m' dites d' taper la-
d'ssus, j' donne un coup d' poing, je m' fais mal et
vous m' demandez d' l'argent, allez, allez donc

l'homme, vous n'avez pas l' sens commun avec vot'
tête en bois; a-t-on jamais vu.

Faut que j' soye, etc.

J' vas au spectacle,
Port-Saint-Martin,
Mais dans l'obstacle,
J' perds man cousin:
C'est en vain que j' cri', v'là qu'on m' choute,
Je r'çois dans l' dos, je r'çois dans l' dos un coup brutal,
Et j' sis entraîné, entraîné par la foule,
Dans un local tout plein d' lumièr's comm' un fanal.

(*Parlé.*) Oh! y f'sait jour là d'dans comme en plein
soleil; après un' p'tite pause, v'là un' toile qui se
trousse, et j' vois un' rue... dans c'te rue, je vois des
hommes et des femmes qui passent et rapassent... ça
m'est ben égal; en v'là d'autres qu'arrivent, point
gênés eux, y causent tout haut d' leux affaires d'vant
tout l' monde, mais comme y n'est point honnête d'é-
couter c' qui n' nous r'garde point, je n' fais point
attention à c' qui disent; j' m'amusais pas du tout,
quand v'là un p'tit mossieu qui dit à un grand: *t'es
t'un brigand toi, tu m'as trahi toi;* alors le june
homme qu'était innocent, à c' qu'il paraît, dit qu' c'est
pas vrai, oui, mais l' vieillard qui connaissait la chose,
avec un soldat qu'était dans la cofidence, vient s' mé-

ler d' l'affaire, v'là c' qui fait l' mal, pas'que la femme du grand arrive aussi, alors l' soldat, qu'était un brutal, tue c'te pauvr' femme qui n' l'y disait rien, ça lui fait du mal, all' crie au meurtre ! moi, j' crie à l'assassin ! d'autr's crient à la porte ! je m' lève, on s' lève, on m' dit de m' taire, j' vois c' que c'est, on veut m'empêcher d'y porter s'cours, j' crie pus fort, à l'assassin ah ! ben, ouiche, ceux qui veulent qu'on tue c'te pauvr' femme, m' sautent à la gorge, m' disent des injures, m' déchirent de partout et m' mettent à la porte, où je retrouve man cousin qui m' cherchait. — Hein ! marci, cousin, marci d' vot' Paris, que j' li dis, je r'tourne au pays, car :

> Faut que j' soye imbécile
> D'être' v'nu, ma foi,
> Voir d' si loin, dans c'te ville,
> Des gens comm' moi.   (Bis.)

LA MANIÈRE DE S'EN SERVIR.

A SON COLLÈGUE ET AMI

EMILE VARIN.

Air : *Les anguilles et les jeunes filles.*

Bien des gens ont peine à comprendre
Que le travail est un devoir,
Et dès-lors ils cessent d'apprendre
Certains qu'ils sont de tout savoir!
Il est bien des choses encore
Dont je n'ai jamais pu jouir.
Et pourquoi? Parce que j'ignore
La manière de s'en servir.

Pour préserver l'homme et la femme
De la froidure et de la faim,
Dieu créa le bois qui s'enflamme
Et le blé qui donne le pain ;
Mais les bienfaits que sa main sème,
A l'homme un jour pourraient faillir.
S'il n'avait trouvé de lui-même
La manière de s'en servir.

Il est des choses qu'il faut taire
En politique, c'est pourquoi
Le télégraphe est un mystère
Pour vous tous ainsi que pour moi;
C'est une invention fort bonne
Qui peut aisément enrichir
Ceux qui savent mieux que personne
La manière de s'en servir.

Tel individu qui végète,
Ne ferait jamais son chemin,
Si la femme, jeune et coquette,
Ne lui donnait un coup de main.
Epouser l'ange qu'on adore,
C'est fort bien, mais pour parvenir
Il ne faut jamais qu'on ignore
La manière de s'en servir.

Malgré les factions pénibles
Qu'on nous fait monter fréquemment;
Du fusil, citadins paisibles,
Nous ignorons le maniement.
Mais qu'Anglais, Prussien, Moscovite,
Viennent un jour nous assaillir,
Chacun de nous saura bien vite
La manière de s'en servir.

L'oiseau sait que si la nature
 Lui donne un bec c'est pour manger,
Des yeux pour chercher sa pâture
Et des ailes pour voltiger.
L'enfant s'attache avec délice
Au sein d'où le lait va jaillir,
Sans demander à sa nourrice
La manière de s'en servir.

Peu jaloux de porter perruque,
On voit plus d'un vieux damoiseau
Soir et matin frotter leur nuque
De graisse d'ours et de chameau.
Cette pommade sans pareille
N'a jamais pu leur réussir,
Quoiqu'ils possèdent à merveille
La manière de s'en servir.

Si cette œuvre, plus que légère,
Vous fit sourire, acceptez-la
Le plus bel homme de la terre
Ne peut donner que ce qu'il a.
D'Apollon que n'ai-je la lyre,
Je serais sûr de vous ravir,
Pourvu qu'il voulut bien me dire
La manière de s'en servir!

Eugène Désaugiers.
Membre du Caveau.

VEILLEZ AU GRAIN!

Air: *Ça va bon train.*

Mathurin, pour voir sa maîtresse,
Entre chez elle à pas de loup.
A peine a-t-il parlé tendresse
Que la maman vient tout à coup;
Mais grace à la moisson nouvelle,
Vingt gerbes cachent Mathurin.
—Que faites-vous ici, mam'zelle?...
    —Je veille au grain.

Le flatteur se traîne à la suite
De chaque puissant couronné;
Parfois l'encensoir qu'il agite,
De son héros casse le né;
De grains d'encens sa cassolette
Est pleine pour tous souverains.
Princes, l'odeur monte à la tête,
    Veillez aux grains!

Bons vignerons, ah! soyez dignes
Des hommages de nos buveurs!
Donnez tous vos soins à vos vignes,
Préservez-les de tous malheurs.
Mille oiseaux de grappes vermeilles
Sont friands. Craignez leurs larcins!
De vos bonnets coiffez les treilles.
    Veillez aux grains!

Hélas! depuis mil huit cent trente,
Dit, en se signant, un cafard,
La religion est souffrante;
Le pouvoir la laisse à l'écart :
Le peuple a jeté sur la place
Nos chapelets ultramontains;
Ramassez-les, enfants d'Ignace.
    Veillez aux grains!

Dans les blés, un garde champêtre
Vit deux oiseaux faisant leur nid :
Bon! je vous tiens! leur dit le traître;
La loi veut que l'on soit puni!
Mais l'amant lui donne une somme,
Le congédie, et dit soudain :
Vous veillez aux mœurs?—Non, dit l'homme,
    Je veille au grain.

Vous que le *Gymnase* rallie,
Retenez qu'il faut, en chanson,
Joindre quelques grains de folie
Aux préceptes de la raison.
Que Momus toujours vous inspire,
Mettez du sel dans vos refrains :
Si l'ennui contre vous conspire,
    Veillez aux grains!

JUSTIN CABASSOL.

MALHEUR A TOI !

Oui, j'ai reçu tes serments, ta douleur,
Le cri de guerre a frappé la montagne ;
Mais jure encor par la vierge d'Espagne
De me garder ton amour et ton cœur.   (*bis*)

C'est que moi je t'aime
Comme un bien suprême,   (*bis.*)
Autant que mon Dieu ;
Puisse en mon délire,
L'espoir me sourire,   (*bis.*)
Au dernier adieu !

Jure-le-moi, par ta mère au tombeau,
Fier Catalan, la vengeance m'appelle :
Mais je promets, si tu restes fidèle,
A Notre-Dame, un glorieux drapeau.   (*bis.*)

C'est que, etc.

Oui, par ce fer jure-moi bien ta foi,
Sur mon coursier je vole à la victoire,
Et si jamais tu ternissais ma gloire :
Vois ce poignard ! malheur, malheur à toi !   (*bis.*)

C'est que, etc.

EMILE DUCHÉ.

Chez l'éditeur, rue Notre-Dame-de-Nazareth, 32.

Imp. de A. APPERT, passage du Caire, 54.

*Chaque exemplaire non revêtu du timbre de l'éditeur sera
poursuivi comme contrefaçon.*

MAILLOCHON

OU

LA GROSSE CAISSE DU RÉGIMENT.

SCÈNE COMIQUE

Exécutée par M. ACHARD,

Au Théâtre du Palais-Royal.

Paroles et Musique de M. Edouard DONVÉ.

La Musique chez M. Colombier, 6, rue Vivienne.

Au son d' la clarinette,
Du cor et d' la trompette,
Sans que son poids me blesse,
J'ai battu crânement
La grosse caisse, la grosse caisse,
La grosse caisse du régiment.
A mala t'cin, mala t'cin, mala t'cin, c'in,
La, la, la, la, la, la,
T'sin, mala sin, t'cin, mala ta t'cin, mala ta t'cin, c'in
Trom, trom, trom, la rrra, rrra, rrra, vla, vla, rrra, vla.

En couchant sur la dure,
En jouant au cass'-cou,
J'ai marqué la mesure,
Du grand Caire a Moscou.

} bis.

3e v.   11e Livraison.

(*Parlé.*) A preuve, que j'ai labouré cet homifpher sur toutes ses coutures, escorté d'une foule d'agrémens et de variations! A preuve! que j'ai traversé toutes les royaumes de l'Europe incognito..... avec trois cents mille hommes; à preuve, que quand j'arrivais à la porte d'une capitale, y suffisait de dire : « *Cordon s'y ou plaît?* » V'lan, j'étais reçu d'emblée sans payer d' droits d'entrée.....

Au son d' la clarinette, etc.

Partageant la fortune,
Du grand Napoléon,
J' l'aurais jusqu'à la lune,
Suivi comme un démon.

Comme nous l'aimions! y nous aimait bien aussi, y m'a parlé, y m'a dit : « Marque donc l' pas imbécille!» à quoi j'ai répondu : Vive sa majesté, en lui touchant la botte de cette main, de cette main! que j'ai toujours conservée depuis. Qu'il était joli sur son cheval, qu'avait l'air de dire à tout le monde : Saluez le bourgeois. Mais la veille du tremblement, du charivari, la décoration changeait comme chez M. Franconi..... Fallait voir les feux des postes avancés, couronnant les z'hauteurs; là ces vieux grognards ronflant la tête sus l' sac; ici, ces guides et ces cuirassiers rêvant de la patrie, et puis, au milieu d' tout ça, une seule tente éclairée par deux tisons.... et lui, la carte en main, arrangeant la sauce, je disais : demain matin y aura du fricot, c'est sûr. En effet, l'aurore déposait son éteignoir sur le lampion de la nûit, on entendait sur toute la ligne , vlon ron flon vlon, vlon ron flon vlon, boum... boum... l'armée française éternuait; Dieu vous bénisse, répon- dait l'autrichien, qué tabac, et nous (*d'un ton martial*) quel beau réveil !

> Signalant la défaite,
> Du prussien en retraite,
> Plein d'une noble ivresse,
> Sous l'aigle triomphant !
> J' crévais la grosse caisse,
> J' crévais la grosse caisse du régiment.
> A mala t'cin, mala t'cin, mala ta t'cin, cin.
> La, la, la, la, la, la.
> T'sin, mala sin, t'sin mala ta t'cin, mala ta t'cin, cin.
> Trom, trom, trom, la rrra, rrra, rrra, vla, vla, rrra vla.

> Maint'nant que j' suis galette ,
> J'irai je sais ben où ;
> Vieux soldat, vieille bête
> Gaîment j'ai fait mon trou.

} bis.

Maintenant je suis rentier, dix francs à manger par mois ; marié à une épouse qui m' bat et qui me r'proche d'être grêlé , je n' sais pas c' que j' deviendrais , si j' n'avais là le pére LARIDON, un ex-artilleur, qui vient m' dire chaque fois qu'il est pochard : Dis donc, Maillo-

chon, y n'est pas mort !!!—Qui donc?—L' petit, c'est
un coup monté;—ah bah !—j' te dis qu'on l'a rencon-
tré l'hiver dernière dans un grand bachot doré, qu'il
allait passer les invalides en revue..... Là dessus, je
bois, et quand j' suis couleur de roses, j' dis comme
LARIDON, eh bien, non, il n'est pas mort !!! et tout de
suite j'oublie mon épouse, et je me rappelle la fille du
Danuble et du Boristhène, à qui je disais jadis, avec
cet accent dont la nature m'a départi : Un militaire
décoré... de son amour, vous offre de partager ses
hautes destinées, un sort brillant vous attend aussitôt
l'Europe conquise ; voulez-vous prendre un canon
d' vin ? — Nisko, schiniski, gospodine, barrouska,
pourpourouski; ce qui veut dire en français : Fi donc,
j'aime mieux un petit verre. Le tambour-major avait
beau secouer ses panaches, faire son cheval de corbil-
lard première classe, la beauté lui disait : Je méprise
les broderies et les lingots. je n'aime que Maillochon !
Le fait est, que quand je paraissais orné de mon instrument, on s'écriait.... c'est Cupidon, qu'a son carquois
sur l'estomac; alors j' défilais la parade en faisant un
œil en noisette aux petites femmes et en leur disant :
Beau sexe, si vous aimez la musique, venez à la caserne, on vous la montrera prix de facture.

Au son d' la clarinette, etc.

Propriété de l'Éditeur.

VIN ET AMOUR.

Air : *Gentille Moscovito* (Lestoq).

De ce vin qui pétille,
Verse-moi, ma Lison ;
Que ta main si gentille
M'ôte la raison.

La raison du sage est le lot,
Mais le sage est souvent un sot.
Soyons fous, car il est écrit :
La folie est sœur de l'esprit.
De ce vin, etc.

Ce nectar donne à la beauté
Un pignon plein de volupté :
Quand l'amour se fait grapilleur,
Ma Hébé, le vin est meilleur.
De ce vin, etc.

Le savant, du soir au matin,
Voit pâlir les fleurs de son teint ;
Moi, mon front, du matin au soir
S'enlumine au jus du pressoir.
De ce vin, etc.

Tes beaux yeux savent me charmer;
Mais, Lison, si je sais t'aimer,
C'est qu'il est un vin généreux
Qui te sert de philtre amoureux.
    De ce vin, etc.

Quand je bois, la rouge liqueur
Electrise, embrase mon cœur;
A la terre je dis adieu,
Dans tes bras je deviens un Dieu.
    De ce vin, etc.

Notre vie a bien des douleurs,
Dans son cours semons-y des fleurs;
L'homme à jeun a les sens aigris;
Tout est bien alors qu'il est gris.
    De ce vin qui pétille,
    Verse-moi ma raison;
    Que ta main si gentille
    M'ôte la raison.

JUSTIN CABASSOL.

UN ARTISTE,

OU

LA GLOIRE ET L'ARGENT.

Paroles et Musique de M. Louis **FESTEAU**.

La Musique se trouve rue N.-D.-de-Nazareth, 32

Ou air : *De Philoctète.*

Sois de ton siècle, ainsi l'on me criait
Lorsque ma vie était à son aurore ;
Comme l'aiglon qu'un rayon fit éclore
Mon regard fier dans le ciel se noyait,
Et puis du haut de cet horison rose
Je répondais à mes vieux conseillers
Clouant mes jours à de riches métiers :
Merci ! merci ! moi, je rêve autre chose.

Je pris la plume et j'exhalai des chants,
A vingt ans l'âme a tant de poésie...
Hélas ! bientôt l'enivrante ambroisie
Se corrompit au souffle des méchants.
Puis l'exploiteur venait à la nuit close
Me commander des vers adulateurs ;
La poésie a donc ses brocanteurs ?
Merci ! merci ! moi, je rêve autre chose.

Cherchez ailleurs dans mes arts favoris
La poésie est sœur de la peinture,
Changeons d'autel, volons à la nature
Son feu sacré, son divin coloris.
Cinq ans plus tard Isaac me propose
De m'installer sous un fragile auvent
Badigeonneur de tableaux en plein vent.
Merci! merci! moi, je rêve autre chose.

J'avais créé dans le fond de mon cœur
Et j'encensais une autre Galatée,
De frais atours, moi, je l'avais dotée
En lui disant mes peines, mon bonheur :
On vint m'offrir (quelle métamorphose!)
Laide statue à riche piédestal ;
Portez ailleurs ses appas de métal,
Merci! merci! moi, je rêve autre chose.

Sur le théâtre, au peuple intelligent,
Moi, je voulais faire aimer la morale,
Mais l'industrie exploitait le scandale,
Et l'on pesait la gloire au marc d'argent.
Hélas! Thalie, en vers ainsi qu'en prose,
Ne possédait, pour corriger les mœurs,
Que des maçons et des entrepreneurs....
Merci! merci! moi, je rêve autre chose.

Si nous voyons dans l'ombre, à petit bruit,
Près de la fleur serpenter le reptile,
Près de l'artiste est l'agent mercantile
Souillant et l'arbre, et la sève, et le fruit.
Près du chef-d'œuvre un courtier s'interpose,
Partout on voit des connaisseurs bâtards
A leur négoce atteler les beaux arts,
Merci! merci! moi, je rêve autre chose!...

Me voilà vieux, ouvriers et passans
De ma défroque ont élimé les mailles,
Et puis le temps sous ses rudes tenailles
A fait fléchir mes membres impuissans.
Je n'ai trouvé, pour toute apothéose,
Sur le chemin de la célébrité,
Que l'ambulance où meurt la pauvreté!
Pourtant, mon Dieu! je rêvais autre chose?...

N. B. Cette chanson est extraite des OEuvres de M. Louis Festeau, et fait partie de son dernier volume ayant pour titre *les Egrillardes*. paraissant en 12 livraisons de 32 pages grand in-32, à 25 centimes, accompagnées chacune d'une gravure sur acier: le volume aura 32 airs notés. Les huit premières livraisons sont en vente chez l'Editeur, rue Notre-Dame-de-Nazareth, 32, à Paris.

IL NE FAUT PAS VIVRE TROP VITE!

Air : *L'asile aux muses consacré.*

Aux jeunes gens dame Raison
Paraît une vieille caduque:
Quoique belle en toute saison,
Pour eux elle porte perruque....
La vie est un bienfait du sort;
Mais s'il convient qu'on en profite,
De la gaspiller on a tort,
Il ne faut pas vivre trop vite.

Chaque âge a ses divers emplois
Qui ne souffrent point de désordre :
La nature, esclave a des lois
Dont elle ne peut pas démordre.....
Par une ferme volonté
Observez toujours la limite :
Le Printemps précède l'Été.
Il ne faut pas vivre trop vite.

C'est dans l'intérêt du plaisir
Que, grâce à mon expérience.
Je crains que chez vous le désir
Ne produise l'incontinence.....

Triste exemple offert à vos yeux,
Plus d'un énervé sybarite,
Jeune encor semble déjà vieux.
Il ne faut pas vivre trop vîte.

Usons de tout. C'est très bien : mais
N'abusons de rien, dit le sage :
Des vins, des femmes et des mets ;
Faisons un raisonnable usage.....
A jouir plus modérément,
O mes amis, je vous invite ;
Soignez votre tempérament.
Il ne faut pas vivre trop vîte.

Honte à qui tremblant pour ses jours,
Dans l'oisiveté les dénombre !
La vie est un fleuve ayant cours.
Jusqu'à la mort, cette mer sombre !
Et pour se livrer au courant
S'il n'a pas un plan de conduite,
Le fleuve n'est plus qu'un torrent,
Il ne faut pas vivre trop vîte.

Parfois on dit : « je vais bientôt
Suivre un salutaire régime. »
L'habitude est un lourd impôt,
Et vous use comme une lime.....

Les excès dévançant les ans
Traînent mille maux à leur suite ;
Puis, les cheveux deviennent blancs.
Il ne faut pas vivre trop vîte.

A la science on a recours,
Plus d'esprit, de penser ! plus d'âme !
Vains efforts ! impuissants secours !
L'éternel sommeil vous réclame.....
Hélas ! nous avons bien le temps
D'aller aux morts rendre visite :
Ménageons nos moindres instants.
Il ne faut pas vivre trop vîte.

Qui de vous ne sent pas au cœur,
Quelque passion noble et belle ?
Ou poète, ou peintre, ou docteur,
Chacun aspire à l'immortelle.....
Eh bien ! sachez en l'attendant,
Comme tout homme de mérite,
Etre sobre, réglé, prudent.
Il ne faut pas vivre trop vîte.

EMILE VARIN,
Du Caveau.

Chez l'éditeur, rue Notre-Dame-de-Nazareth, 32.

Paris. — Imprimerie de A. APPERT, passage du Caire, 54.

UNE VENTE A LA CRIÉE.

SCÈNE COMIQUE.

Chantée par **M. ACHARD**,

Au Théâtre du Palais-Royal.

Paroles de M. Ch. LETELLIER,
Musique de M. A. MARQUERIE.

La Musique se trouve chez M. COLOMBIER, 6, r. Vivienne.

Amateurs de brocante,
Voici l'heur' de la vente ;
D' l'hôtel Bullion je suis l' crieur,
Entrez, j'ai des objets d' valeur ;
J'ai de tout à vous vendre,
Et j' veux pour vous surprendre,
Vous l'accorder à si bas prix,
Qu' vous vous d'mandiez où je l'ai pris.

(*Parlé.*) Voici la vente qui commence, en vente,
en vente ! Voici le mobilier d'un étudiant en médecine,
retourné en province... une robe à volans... une canne
à dard... une camisolle... un étui à lancettes... un
soulier de satin rose... un buste d'Hypocrate... deux

fausses nattes... trois reconnaissances du Mont-de-Piété... deux livres... de tabac... une collerette et un boa... voilà mesdames pour le complément du lot... c'est un petit tableau en cheveux, don d'amitié représentant un chien avec ces mots : *fidélité, constance ou la mort !!!* à combien le tout?.. à 25 francs a-t on marchand?.. 25.. 50, on demande à voir.. 26.. 26.. 50 passez! 28 francs vous êtes deux, 29 francs, ce n'est plus par vous... à 30 francs, pour madame... c'est donné... 30 francs on n'en veut plus?

Un' fois, deux fois, trois fois.
Personn' n'élève la voix,
C'est entendu c'est bien vu.
Vu, sur ledit lot,
Nul ne dit mot.
Personne, personne,
C'est fixé? adjugé !...

Vous n' trouv'rez pas j'espère
Qu' c'est un' mauvaise affaire,
Quand chacun peut ach'ter céans
L' mobilier d'un homme pour trent' francs;
Profitez d' l'avantage.
Pour monter votr' ménage,
Nous allons vendre à cet effet,
Un mobilier d' femm' au complet.

(*Parlé.*) C'est celui d'une modiste qui a fait sa fortune... une paire de bottes... deux jeux de cartes...
un pantalon à sous-pieds... une bague en cheveux:
don d'amitié!.. deux bouteilles de rhum... vides... un
lit de sangles... une douzaine de foulards démarqués...
une paire de rasoirs... l'art d'aimer... une vieille blague
à tabac. Allons messieurs y a-t-il des acheteurs pour le
mobilier de la modiste?.. Ah ! j'oubliais encore : des
éprons... un bol pour faire du punch et cinq pipes cu-
lottées à combien le tout, 35 francs, 35... à 35 en veut-
on, 25... à 25... pas d'amateurs... commençons par
15 francs, à 15 francs; 15 francs, un mobilier de femme
pour 15 francs! à madame ! allons 15 francs, on n'en
veut plus?..

Un' fois, deux fois, etc.

Nous mettons à l'enchère
Des articles d'antiquaire.
Un' lampe économique en fer
Plusieurs dès... en métal d'Alger.
La Vierge en plomb d' Louis onze,
La statuette en bronze
Du très haut prince de Monaco
Et puis tenez... un beau coco.

(*Parlé.*) Nous joignons à cela : trois boites de nouveaux thés... arrivés de la Chine... en outre... un superbe Acacalis, arbriseau d'Egypte qui n'a jamais pu s'acclimater en France... 100 francs, 20, 30, 40, 50... 150 francs, c'est bien vu.. adjugé !. passez l'Accacalis à monsieur, hein ! vous dites monsieur... que la plante est morte?.. mais je crois avoir fait observer à monsieur que cet arbrisseau n'a jamais pu s'acclimater en France... à un autre ! Un vieux troupier en bronze allant au feu... une cuisinière... en fer blanc, pour le même usage... une seconde lampe... *car celle* que nous avons vendue a bien *filé*... chants inédits de *la harpe sur mille tons*... une plume de Corneille... une dent de la belle Héloïse, la seule qu'elle eût... contre l'oncle Fulbert... un ministre espagnol en terre... cuite... un volume : séances de l'académie des sciences... de la colle forte... une vue intérieure de la bourse... un bocal à cornichons... à 20 francs, 21, 22, 28, 30... 30 francs, c'est bien vu... bien vu on n'en veut plus.

Un' fois, deux fois, etc.

Voici l'heur' qui s'avance,
C'est la fin de la séance,
Mais messieurs avant de fermer
N'avez-vous rien à réclamer?

Nous n' faisons pas d' la frime,
Nous t'nons à votre estime ;
Et nous voulons qu' chacun sortant,
S'dise à soi-mêm' je suis content !

(*Parlé.*) Allons, messieurs, y a-t-il des réclamations approchez (*un fat amateur d'archéologie.*) — Je voudrais savoir du quel des deux Corneille est la plume qui m'a été adjugée. — c'est une plume de corneille du nord. (*Un vieil érudit.*) — moi, monsieur j'aj acheté les chants de la Harpe sur Milton et l'on m'a remis un cahier de musique. — C'est juste, ce sont des variations pour la harpe. (*Un paysan normand.*) — Et mé donc qu' vous avez vindu un bocal de cornichons et qu'y n'y en a pas tant seulement un seul — On vous a vendu un bocal à cornichons, cher ami, mettez vous y. (*Une jeune dame.*) — Moi, monsieur, je viens pour mon mobilier, — c'est vous la modiste?.. Je vous dois la vérité... on n'avait jamais rien vu de si malpropre que le mobilier de madame ; voici votre compte : pour avoir ciré les bottes de madame, brossé son pantalon, repassé ses rasoirs, resoudé un don d'amitié et relié l'art d'aimer qui était en très mauvais état chez elle ; plus les droits de commissaire, de porteurs, des pauvres, droits généraux, etc., etc. total 35 francs, votre mobilier a été vendu 15 francs, vous redevez 20 francs, passez à la caisse. — Mais c'est une horreur ! une abomination ! allez votre hôtel est

bien nommé: hôtel Bouillon! on y en boit de fameux,
vous ne m'y reprendrez plus. — Bien le bonsoir madame, on se passera de votre pratique!..

> Un' fois, deux fois, trois fois,
> On n'élèv' plus la voix;
> C'est entendu, c'est bien vu,
> Vu, dessus son lot...
> Nul ne dit mot
> Personne, personne,
> N, I, ni c'est fini!

Propriété de l'Éditeur.

LA BATELIÈRE DE SEIZE ANS.

CHANSONNETTE,

Paroles et Musique de M. FRÉDÉRIC BÉRAT.

*La Musique se trouve chez M. Schonenberger, boule-
vart Poissonnière, 18.*

> Jeune batelière,
> Batelière de seize ans,
> Je suis pauvre et sans parens,
> Heureuse encor : car j'ai l'amour de Pierre.
> Cet amour, c'est mon seul bien
> Sur cette terre,
> Et, je le jure, il n'est rien,
> Non, il n'est rien que mon cœur lui préfère...

Me dira qui voudra :
Gentille batelière,
C'est Pierre, toujours Pierre,
Que mon cœur aimera.

Partout j'entends dire,
J'entends dire, chaque jour,
Que chacun change en amour...
Ah! de l'amour peut-on ainsi médire!
Pour moi, mon cœur a choisi,
C'est pour la vie,
J'aime Pierre, il m'aime aussi,
Nous marier, c'est tout ce que j'envie...
Me dira qui voudra, etc.

L'autre jour encore,
En passant dans mon bateau,
A la dame du château,
Un beau monsieur disait : je vous adore.
La belle dame a souri,
Je l'ai bien vue;
Elle a pourtant un mari...
Moi, dame Pierre une fois devenue.

Me dira qui voudra :
Gentille batelière,
C'est Pierre, toujours Pierre,
Que mon cœur aimera.

BIZARRE.

MOT DONNÉ PAR UNE SOCIÉTÉ LYRIQUE.

Air : De tantara ou le peintre au cabaret.

Aujourd'hui tout paraît bizarre,
Le luxe affronte l'indigent,
Le ridicule atteint l'avare,
On rit s'il meurt sur son argent ;
Convoité par maint assiégeant.
Même pour nous il ne serait pas rare
D'entendre dire, tout surpris,
Il faut qu'ici l'auteur le plus bizarre
Du bizarre remporte le prix.

} bis

Messieurs, de la bizarrerie,
Le type est dans notre Univers ;
On est bizarre en Barbarie,
On est bizarre au bout des mers,
L'auteur est bizarre en ses vers.
Sur un bucher les veuves Malabares,
Vont se rôtir pour leurs maris,
Voilà, ma foi, des épouses bizarres,
On est moins bizarre à Paris.

Colons que l'océan sépare
De vos frères de vos amis,
Par un phénomène bizarre,
Vous avez vu tomber vos fils
Et vos trésors sont engloutis;
Mais l'amitié toujours sainte, répare
Les erreurs d'un ciel inconnu...
Un noble cœur ne fut jamais bizarre,
La France vous a répondu.

Les Espagnols du vieux Pizarre,
Des Péruviens conquirent l'or;
Conquérants dont le goût bizarre
Etait d'augmenter leur trésor,
Et ce goût là subsiste encor;
Quand l'Ibérie au monde entier se pare
De cet or prix du sang versé,
Chacun se dit : ce serait moins bizarre,
Si j'en avais plus amassé.

Femme que le ciel nous prépare
Quand l'âge dit : il faut aimer,
Sexe charmant, au cœur bizarre,
C'est toi qui viens nous animer,
Ton sourire sait enflammer.

Braver les maux, la mort et le Ténare
  Pour être heureux, un mois, un jour,
Tel est l'amant, ma foi si c'est bizarre
  La bizarrerie est l'amour.

France, sois toujours belle et libre!
Ton sort est remis à tes mains,
La Seine vaut les bords du Tibre,
Lutèce enfante des Romains
Géants au combat mais humains;
Si par malheur le clairon des barbares,
  Un jour sonnait pour t'asservir,
On verrait fuir nos discordes bizarres
  Pour te sauver ou pour mourir....   } bis.

PLUCHONNEAU aîné.

LA CHANSON.

Air : *Du Dieu des bonnes gens.*

Oui, mes amis, j'aime la chansonnette,
Dès mon réveil elle vient me trouver;
Oui, sans prétendre au beau nom de poète,
Dans mes loisirs je veux la cultiver.

Partout on chante et partout on compose,
Dans la chaumière, aux champs, dans les salons ;
Quand on travaille et lorsqu'on se repose,
    On aime les chansons.

L'amour me dit de chanter ma Lisette,
L'amour, hélas! peut-il parler en vain?
Le grand Bacchus veut que la chansonnette,
Dans un repas célèbre le bon vin.
Dans les bosquets, dans la verte prairie,
Le Rossignol, au milieu des buissons,
Semble nous dire : on doit passer sa vie
    A faire des chansons.

Les fiers Gaulois aimaient la chansonnette,
Au Champ d'honneur elle les animait.
Le brave Henri que le peuple regrette,
Fit des couplets pour celle qu'il aimait;
Et maître Adam, l'enfant de la nature
Aimait aussi ces sortes de leçons :
Il enrichit notre littérature
    De ses belles chansons.

Le grand Voltaire et tant d'autres poètes
Chantaient Cypris et le vin tour à tour.
Collé, Gallet, firent des chansonnettes
Pour divertir et la ville et la cour ;

De Béranger, pour éclairer le monde,
Fil des couplets que tant nous chérissons :
Il consolait les peuples à la ronde
    Par ses belles chansons.

Le prolétaire aime la chansonnette,
Son gai refrain sait alléger ses maux :
A l'atelier souvent il la repète,
Pour supporter ses pénibles travaux.
Dans son château le riche la frédonne,
Pour éloigner par son aimable son,
L'ennui mortel que tout son or lui donne.
    Ah ! vive la chanson.

Je l'aime aussi, messieurs, je le répète,
Je chanterai l'amour cher à mon cœur.
Puisque Bacchus aime la chansonnette
J'accorderai ma lyre en son honneur.
Je veux chanter pour le gai prolétaire,
Car les couplets lui servent de leçons.
Contre les rois qui désolent la terre,
    Je ferai des chansons.

André JOURDAIN.

Chez l'Éditeur, rue Notre-Dame-de-Nazareth, 32.

Imprimerie de A. APPERT, passage du Caire, 54.

APPARTEMENT A LOUER.

SCÈNE POPULAIRE

Exécutée par M. LEVASSOR,

Au Théâtre des Variétés.

Paroles de M. E. BOURGET,
Musique de M. V. PARIZOT.

La Musique se trouve chez M. J. Meissonnier, 22,
rue Dauphine.

(LA PORTIÈRE.) Adophe! Dodoffe! veux-tu venir
ici polisson! v'la qu'y barbotte dans le ruisseau.....
vilain monstre de mauvais sujet... va!..... vite à c'te
loge et pus vite que ça entends-tu? gueux! r'viens-z-y
voir un peu voir que j'te voye et tu verras! incen-
diaire... scélérat... vil serpent! assassin.

> Mon Dieu! qu'mon sort est malheureux!
> C'nest pas assez d'être portière!
> Y m' faut un fils si paresseux
> Pour louer la maison entière.
> C'est bête à couper au couteau,
> Ça n'sait même pas mettr'l'écriteau!

Et Dieu sait si faut l'mettre c'técriteau!... . c'est pas
pour dire; mais on a beau mettr' *bel Appartement*

3ᵉ v.   14ᵉ *Livraison.*

*parqueté, fraîchemnt décoré, orné de glaces, d'écurie
et d'balcon!*... ça n'fait pas mordre les locataires.....
ah! bah!..... comme dit le proverbe..... *arrive qui
chante...* ça r'garde l'porpilliétaire... au fait!.. y veux
toujours changerre!... et comme on dit : *la bierre qui
roule n'amasse pas de mousse...* y s'arrangera comme
y pourra... tant pire pour lui... *comme on fait son lit
on se mouche...* (ON FRAPPE) ah! bon!..... v'la qu'on
frappe! M^r.! M^r.! oùs que vous allez! vous voulez
louer dans la maison?..... donnez-vous donc la peine
d'entrerre... Dodoffe! cherche mes clefs, mon chéri
des amours!.... ah! qu'est-ce que M^r. regarde là?.....
M^r. est bien bon, c'est mes tableaux... tenez, en voilà-
z-un oùs que tout l'monde s'y trompe.... on croit que
c'est l'Empereur, parce qu'il est sur un rocher.... pas
du tout..... c'est un nommé *Prométhée,* un général
romain qu'est occupé à s'faire dévorer l'foie par un
vautour... c'est parpitant d'intérêt... Dodoffe!.. garde
la loge, entends-tu mon bichon?..... quand M^r. voudra... M^r. verra c'qu'y a... M^r: a du bonheur... *prenez garde au p'tit pas....* de tomber dans une maison
comme celle-ci... j'ai mis l'écriteau à c'matin.... c'est
ben l'cas d'dire avec le proverbe que M^r. *arrive comme
mars en calèche....* et pourtant qué belle chose c'était
que la location quand n'on louait... oui! mais au jour
d'aujourd'hui on ne loue rien de rien... ah? bast! lais-
sons faire... le temps... le temps, voyez-vous, comme

dit l'proverbe, *le temps est un grand maigre.....* et
comme on dit toujours : *on attrappe plutôt du miel
avec des mouches qu'avec du vinaigre.*

> Ah qué mauvais pas,
> Quel embarras et qué tracas,
> Je n' sais comment ça finira ?
> Ça m' casse les jambes et puis les bras ! ah !

⁂

> De puis tantôt quarant'huit ans
> Je suis dedans ces murs cent'naires,
> J'habitais avec mes parents
> La loge antique de mes pères.
> Oui, dans c'te log' j'ai reçu le jour,
> C'est là que j'ai connu l'amour.

  (RIANT) Hé ! hé ! hé !.. tiens ! tiens ! c'te farce ?.. ça
vous fait rire aussi ça vous Mr. pourquoi donc pas ?...
est-ce que tous les hommes sont pas égaux par devant
Cupidon donc ! (AVEC UN GROS SOUPIR) Ah !... voui !...
on m'appelait dans ce temps là la petite *Belzamine....*
l'escayer z'est ciré ! frotté z'et balayé !.. j'étais fraîche
et gentille... jeune, sans expérience... *avec un bec de
gaz à chaque étage...* j'avais eu la chose d'écouter les
balivernes d'un riche fabricant d'vermichelle... c'était-
y un mal ça... j'vous l'demande !... *voici l'appartement z'en question .. je le connais un peu vu qu'alors
je l'habitais avec... le prix est de dix sept cents francs*

c'est si bête une jeune fille... moi tout bonnement j'lui
z avais donné mon cœur... *avec une cuisine et cabinet
noir....* Ah ! M^r. c'est dans ce locaux que j'ai passé les
plus belles années de ma vie...... timide et craintive
comme l'enfant qui sort de sa coque... je l'aimais d'un
amour pur... *avec une corniche tout au tour...* lorsqu'un jour *chambre à coucher... cabinet de toilette...*
lorsqu'un jour... *salon, six croisées sur la rue, l'bœuf
gras y passe tous les ans.... salle à manger....* lorsqu'un beau jour, enfin j'étais.... (DODOFFE CRIANT.)
M'man !... M'man !.... — Voilà mon gros tou-tou ! —
Regardez encore, allez, ça vous décidera... vous m'di-
rez si ça vous va.... n'vous gênez pas..... vous savez
comme dit le proverbe... examinez bien... *la pépie
vient en mangeant,* car voyez-vous Mossieu, comme
chaque échaudée craint l'eau froide... quand l'porpilliétaire verra sa maison isolée, délaissée, enfoncée, il
les aimera un peu plus les locataires... qui sait ?... y
courra peut être après... on se dit toujours en pareil
cas *primo mimi...* mais *ventre affamé n'a pas d'o-
zeile...* et l'on court toujours quand il s'agit de mettre
du beurre dans ses bottes et du foin dans ses épinards..

Ah qué mauvais, etc.

Puisque l' premier n' vous convient pas,
Vous allez voir le s'cond étage,

Au fait c'n'est pas l'embarras,
Il doit vous plaire d'avantage ;
D'abord il est beaucoup plus clair,
Et puis, il est beaucoup moins cher...

Ah ! bah !... d'ailleurs vous faites bien d'voir toute la maison, allez... depuis que c'te pauvre porpilliété à reçu une secousse socqciale par suite d'une révolution d'chiens... oui, M^r. rien que ça... (APPUYANT) Une révolution de chiens... à preuve que toute la maison en était envahite !!... sous le futile prétesque que l'on fait avec un os taire un chien ; les escaliers en étaient pleines... c'était un horreur, quoi... c'est si bête d'aimer les chiens... n'est-ce pas Moss... (SE RETOURNANT.) eh ! ben, v'la c'mossieu qui s'en va... (APPELANT.) dites donc, Mossieu..... vous partez...... vous m'plantez là comme l'oiseau sur *la planche.* . c'est guère agréable de vot'part..... y paraîtrait que ce M^r. n'aime pas les chiens, il est bien comme moi par exemple, ah ! voui ! car on a bien tort de dire avec le proverbe : *abondance de chiens ne nuit pas.....* et puis *qu'un bon chien vaut mieux que deux tu l'auras.....* car voyez-vous, règle générale , et c'est un malheur, ça... mais *on n'est jamais trahi que par les chiens !* ..

Ah qué mauvais, etc.

Propriété de l'Editeur.

M'AIMES-TU ?

Air : Muse des bois, etc.

Toi dont les yeux lancent des traits de flamme,
Dont les cheveux flottent en boucles d'or ;
Toi qui possède et mon cœur et mon âme,
De mes tourments peux-tu te rire encor.
Qu'un doux sourire, une tendre parole,
Portent l'espoir dans mon cœur abattu :
Qu'un mot d'amour me charme et me console,
Dis-moi, dis-moi, Maria, m'aimes-tu ?

Hier, au bal, tu recevais l'hommage
D'un groupe, hélas ! à te plaire empressé,
Et le bonheur régnait sur ton visage,
Tandis que moi, mon cœur était brisé.
Tu l'aperçus, tu daignas me sourire,
Mais ce souris que parfois je t'ai vu :
Est-ce l'amour, la pitié qui l'inspire,
Dis-moi, dis-moi, Maria, m'aimes-tu ?

Mon sang brûlant bouillonne dans l'artère,
Mon œil en feu ne peut verser de pleurs ;
Le doux sommeil ne clôt plus ma paupière,
Je suis en proie aux plus vives douleurs.
Pour appaiser ma fièvre et mon délire,
Il ne faudrait, à mon cœur éperdu,
Qu'un mot d'amour, ce mot daigne le dire :
Réponds, Réponds, Maria, m'aimes-tu ?

Ch. PRANARD.

LA VEILLE DES MOISSONS.

ROMANCE.

Paroles et Musique de M. Frédéric BÉRAT.

La Musique se trouve chez M. Schonenberger, 18,
boulevart Poissonnière.

***

Chantez, dansez, fillettes et garçons,
  Demain l'aurore
  Plus belle encore,
Protègera le temps de vos moissons ;
Au Dieu du jour adressez vos chansons.

Le soir est pur, et jamais vent si doux
  Ne s'est joué dans vos charmilles ;
Un plus beau jour, pour prendre vos faucilles,
  N'aura jamais brillé pour vous.

Chantez, dansez, etc.

Je vous disais, quand le ciel était noir :
  Priez dans vos chaumières,
  Priez et bon espoir.
Je vous le dis : demain vous allez voir
  Passer sur vos bruyères,
Le plus beau jour après le plus beau soir...

Chantez, dansez, etc.

Demain, aux fleurs que ce soir vous cueillez,
Succèderont des fleurs plus belles.
J'ai, pour demain, j'ai des chansons nouvelles
Qu'en moissonnant vous redirez...

Chantez, dansez, etc.

N'oubliez pas, surtout, ô mes enfans,
Qu'après vous, la glaneuse
Doit passer dans vos champs.
De chaque épi laissé par les passans,
A l'âme généreuse,
Là haut, quelqu'un tient compte tous les ans...

Chantez, dansez, fillettes et garçons,
Demain l'aurore
Plus belle encore,
Protègera le temps de nos moissons;
Au Dieu du jour adressez vos chansons.

PROPHÉTIES POUR 1940.

Air : J' n'ai pas l'honneur de vous connaître, etc.

Allons, messieurs les mécontens,
Ayez un peu de patience ;
Tous vos efforts sont impuissans,
Aux Devins prenez confiance.
L'autre soir, un sorcier fameux,
Vieillard à la face imposante,
M'a dit d'un ton mystérieux : (bis)
Connais-tu dix-neuf cent quarante?

Non !.. dis-je ; et sur un plat d'étain
Que me présente le prophète,
Je vois le portrait d'un lutin
Tenant sa magique baguette.
Plus bas je lis : Tout est changé!
« Pour l'argent personne chante ;
« Aux vices l'on donne congé :
« Mais c'est pour dix-neuf cent quarante...

Je fais un long signe de croix,
Craignant du diable la besogne,
Et réprends : « s'il reste des rois
« Ils affranchiront la olPogue :
« Par le peuple ils seront élus ;
« Leur mission sera charmante :
« On croit qu'ils ne mentiront plus !
« Mais c'est en dix-neuf cent quarante.

« Les Germains nous rendront le Rhin,
« Sans éprouver notre courage.
« Les peuples se donnant la main
« Sauront abolir l'esclavage.
« De l'Angleterre, en ce temps là,
« Nous aurons l'amitié constante... »
— Oui, mes amis, j'ai lu cela ;
Mais c'est pour dix-neuf cent quarante.

« Les prêtres seront tolérants
« Et ne prêcheront que d'exemple.
« Tous les ministres seront francs :
« Minerve doit avoir son temple.
« Le commerce, en tout, fleurira ;
« Plus d'entraves, plus de patente :
« Pas un banquier ne faillira ;
« Mais c'est en dix-neuf cent quarante.

« Plus d'usuriers, plus de cagots,
« Plus d'intrigants, plus de police.
« On diminûra les impôts ;
« Partout règnera la justice.
« Pas un abus, par un méfait ;
« Pas même une femme inconstante.
« En un mot, tout sera parfait !
« Mais c'est en dix-neuf cent quarante. »

André Jourdain.

ROSE.

CHANSONNETTE.

Musique de M. Aristide de Latour.

Elle naquit en mai,
Quand la fleur est éclose,
Prit le nom tant aimé,
Le nom, si frais de Rose.
Puis, lorsque par seize ans
Elle fut embellie,
Des roses du printemps
C'était la plus jolie !

Aussi, les amoureux,
Aussi, les amoureux,
  Les amoureux
  Etaient nombreux ! } bis.

Sa main que connaissait
Le pauvre à qui l'on donne
Et qui la bénissait,
Etait, blanche et mignonne...
Et sa taille à la fois
Gracieuse, élancée,
Tenait entre deux doigts...
Et... sans être pressée...

Aussi les amoureux, etc.

Rose avait un bon cœur,
Une gaîté charmante,
Ce qui fait le bonheur ;
Ce qui du moins l'augmente...
Accueillant tous les les rangs,
Déjà riche et point fière,
Seule, de ses parents
Elle était... l'héritière...

Aussi, les amoureux,
Aussi, les amoureux,
  Les amoureux
  Etaient nombreux.   } bis.

ÉMILE BARATEAU.

Chez l'Editeur, rue Notre-Dame-de-Nazareth, 32.

Imprimerie de A. APPERT, passage du Caire, 54.

LA NOCE

A

MON FRÈRE ANDRÉ.

Chansonnette Comique.

Chantée par M. ACHARD,

Au Théâtre du Palais-Royal.

Paroles et Musique de M. FRÉDÉRIC BÉRAT.

*La Musique se trouve chez M. Schonenberger, 18,
boulevard Poissonnière.*

————◆————

Queu bonheur! queu plaisi!
J' dois avoir un' drôl' de tête;
J'ai ti bu, j'ai ti ri,
Vraiment y aurait d' quoi mouri,
J'ai ti bu, j'ai ti ri,
J'ai ti ri, j'ai ti bu, j'ai ti ri, j'ai ti bu, j'ai ti ri.

C'était la noce à mon frère,
La noce à mon frère André,
Qu'était rev'nu de la guerre,
Qu'était rev'nu décoré.
J'y écrivais là bas,
Frèr'; quand tu r'viendras,
Tu retrouv'ras ta p'tit' mère.

3 1843 15e livraison."

Li, quand y pouvait,
Aussi m'écrivait,
C' pauv' frère, ça l' satisfaisait.
C'était donc la noce à mon frère,
La noce à mon bon frère André,
Qu'était donc rev'nu de la guerre,
Qu'était donc rev'nu décoré.

Queu bonheur, etc.

Pendant qu'i' faisait la guerre,
Moi, d'après sé z'instructions,
J' li faisais, près d' sa p'tit' mère,
J' li faisais sé commissions.
Quand c' pauv' chérubin
Avait du chagrin,
J'y essuyais sé p'tit' paupière ;
Quand ma bouch' parlait,
Comme ait m'écoutait,
Comm' tout son p'tit cœur battait.
Pendant donc qui faisait la guerre,
Moi, qui r'cevais sé z'instructions,
J' li faisais donc près d' sa p'tit' mère,
J' li faisais donc sé commissions.

(*Parlé.*) Un jour, v'la qu' je r'çois un' lettre d' man frère, où c' qui m' disait comm' cha : tu d'mand'ras à Rose un brin d' sé ch'veux pour avoir su man cœur. Rose m'a laissé i an couper un' mèche ; j'y ai pas dit, mais je n' n'ai envoyé qu' la moitié à man frère...

d' l'aut' moitié, j' m'en sis fait faire un' petit' bague
en crin pour lé dimanches...

        Queu bonheur, etc.

En sortant d' faire l' mariage,
Deux à deux, s' t'nant par d'sous l' bras,
On s'est rendu sous l'ombrage,
Où c' qu'était servi le r'pas.
    Queu biau temps qui l'sait !
    Un p'tit vent soufflait,
Qui vous caressait l' visage;
    Pendant qu'on marchait,
    Tout l' mond' vous r'gardait,
On marchait au flageolet.
En sortant donc d' faire l' mariage,
Deux à deux, et s' t'nant par d'sous l' bras,
On s'est donc rendu sous l'ombrage,
Où c' qu'était donc servi le r'pas.

(*Parlé.*) Aussitôt qu'on a été à table, moi, j'ai com-
mencé par faire une surprise à la mariée. Ma mère
qu'était dans mon secret, dit comm' cha à sa bru :
— Rose, coupez-moi donc en deux çu gros radis noir
qu'est d'vant vous, si vo plait. — Rose prend l' gros radis noir dans sa p'tit' main blanche, l' coupe en deux,
et pi y trouve un p'tit papier où c' qui y avait dé vers
écrits. Voulez-vous que j' vo l' lise, Rose, çu p'tit papier, que j' li dis comm' cha ? — avec bien du plaisi, man

frère,—qu'ait m' répond avec sa p'tit' voix tout' dou-
cette; là-d'sus, j' me mets tout debout su mé deux
jambes, et pi j' li chante, sur l'air, un p'tit coup'et qu'
j'avais fait pour elle. Le v'là man p'tit couplet.

Air : De ma Normandie.

C' matin, j' flanais dans not' herbage,
En m' disant v'là qu' j'ai un' bell'-sœur,
J'ajoutais qu' vo z'étiez un gage,
Pour mon frère, un gag' de bonheur;
Comme avant d'entrer en ménage,
Ayant un frèr', vo z'étiez sœur,
Ça m' faisait dir' qu'avant l' mariage,
Ros', vo z'étiez donc déjà un' bell' sœur.

(Parlé.) C'est man frère André qu'était cotent et
orgueilleux ! i nous a tout d' suite versé à boire, et pi
i s'est mis à crier à tout l' monde : à la santé du poé-
tique d' la famille ! ! !

Quen bonheur, etc.

I fallait nous voir à table,
A l'ombre, l' long du p'tit bois,
C'était à qui s'rait aimable,
En tout nous faisions vingt-trois.
I avait du dindon,
I avait du jambon,
Et du chapon véritable ;
I avait du lapin,
I avait du boudin,
Jusquà du vin qu'était fin !

I fa1lait donc nous voir à table,
A table, à l'ombre du p'tit bois,
C'était donc à qui s'rait aimable,
En tout, nous faisions donc vingt-trois.

(Parlé.) Un' fois l' dessert arrivé, en ma qualité d' bezot d' la famille, i m'a fallu aller chercher la jarretière d' la mariée. Pendant qui z'étaient tous là à jaser, j' fais donc semblant d' ramasser comme qui dirait man mouchoir, et pi je m' laisse glisser tout doucement sous la table, avec m' n'assiette à la main. J'avais un bon bout d' chemin à faire pour arriver jusqu'à Rose; en allant j'aperçois l' gros Jean qui pillait su l' pied à Toinette, et pi Mathurin, li qui fait l' dévot, qui jouait à la main chaude avec Marie-Jeanne... J' vas toujou, et me v'là d'vant Rose. J' m'approche... Je r'garde sé p'tits pénauds... i z'étaient tous lé deux dans dé p'tits souliers noirs tout fins, avec dé p'tits cordons idem qui croisaient en montant... J' m'approche encore un brin... Mais v'là man pauvr' cœur qui s' met si bien à m' battre, que j' nose point, comme on dit, remplir ma mission. J'ai bien eu un moment l'envie de m' rabattre su ma vieille tante Marcelle, mais san gros kien dogue qu'était à côté d'elle, m'en a dégouté; j'étais donc là, sous c'te table, à réfléchi comme un' bête su mé quatt' pattes, quand i m' vient une idée. Tiens, tiens que je me dis, mais j' m'en vas m' défaire la mienne de jarretière. C' qui

fut dit fut fait... si bien que j' m'en sis r'venu bien
vite à ma place, et pi qu'au milieu dé bravos et pi dé
z'applaudissements, tout l' monde s'est passé m' n'assiette avec ma jarretière dessus... Un' jarretière tout'
neuve en lisière de bredelle ! ! !

Queu bonheur ! queu plaisi !
J' dois avoir un' drôl' de tête ;
J'ai ti bu, j'ai ti ri,
Vraiment y aurait d' quoi mouri,
J'ai ti bu, j'ai ti ri,
J'ai ti ri, j'ai ti bu, j'ai ti ri, j'ai ti bu, j'ai ti ri.

Propriété de l'Éditeur.

APRÈS LA BATAILLE.

SCÈNE DRAMATIQUE.

Paroles et Musique de M. FRÉDÉRIC BÉRAT.

*La Musique se trouve chez M. Schonenberger,
boulevard Poissonnière, 20.*

Les ennemis, nous disait-on,
Approchent de votre village ;
Écoutez bien : c'est le canon...
Bons habitants, redoutez le pillage.
Mais on nous disait aussi :
Un régiment vous arrive,
Et ce matin sur la rive,
Il défilait, Dieu merci.
O bonheur ! ô surprise !
Ce régiment, Pierre en était ;
Pierre avait bien comme il nous l'écrivait,
Des galons d'or sur sa capotte grise...　　(bis.)

Qu'ils étaient beaux les grenadiers,
En défilant dans le village !
Pierre était là, dans les premiers,
Dans les premiers pour son courage !

Pierre m'a dit : « monte au rocher ;
» De là tu verras la bataille. »
Là, j'ai pu voir, sans me cacher,
Les bataillons, la charge et la mitraille.

En un moment culbutés,
Les ennemis, hors d'haleine,
Se sont sauvés dans la plaine,
Par la terreur emportés.
Tout est fini... victoire !
Entendez-vous ? c'est le tambour.
Dans le village, avant la fin du jour,
Chaque soldat revient couvert de gloire !...　　(bis.)

Qu'ils seront beaux les grenadiers,
En défilant dans le village !
Pierre sera dans les premiers,
Dans les premiers, pour son courage !

Ils vont passer... ô doux moment !
Enfans, laissez-moi, la première,
Laissez-moi voir son régiment...
Je suis encor plus heureuse que fière.
Oui, parmi tous ces soldats,
Il en est un qui s'avance,
Dont le cœur plein d'espérance
Bat plus fort à chaque pas.
Voici sa compagnie !
Merci, mon Dieu, d'un si beau jour...
Où donc est Pierre ? au nom de notre amour,
A deux genoux, soldats je vous supplie !
Parlez, parlez ; il y va de ma vie.....

Les yeux en pleurs, les grenadiers,
En défilant dans le village,
M'ont répondu : « mort des premiers.
» Honneur, honneur à son courage. »
Honneur, honneur à son courage !

UN AVEU.

Ne me refuse pas, ô je t'aime Marie !
Cent fois plus que le jour, cent fois plus que la vie,
Je t'aime de l'amour dont on aime les cieux.
J'aime ton front si doux, j'aime ta voix si pure,
J'aime tes blonds cheveux, ta modeste parure
    Et l'azur de tes yeux.

Si tu voulais m'aimer, de cet amour de femme ;
Qui naît avec la vie et ne meurt qu'avec l'âme.
Si tu voulais m'aimer, ô je t'adorerais.
Et plus tard, sur ton front quand viendraient les années,
Ces moments de bonheur, ces heureuses journées !
    O je te les rendrais.

Si tu ne peux m'aimer, laisse-moi, jeune fille,
Adorer l'éclat pur de ton œil bleu qui brille
Et ces traits frais et doux qui se gravent au cœur.
Laisse-moi sur ton front, sur ton âme si bonne,
De tes dix-huit printemps former une couronne
    D'amour et de bonheur.

LES VIEUX TEMPS.

Air: *de la Giroflée* (de Salgat).

MUSIQUE DE FOURCY.

Bons vieux temps disparus
Et traités de chimères,
Age d'or de nos pères,
Ne reviendrez-vous plus?

Dans ce temps-là, dame justice
Ne jugeait point par des procès ;
Du pauvre elle était la tutrice
Lorsqu'elle rendait ses arrêts.
C'était sous un antique chêne,
Que l'abordait chaque plaignant;
A son aspect fuyait la haine,
Chacun s'en retournait content !
Bons vieux temps, etc.

La politique détestable
Occupait peu les habitants,
C'était les coudes sur la table
Que discutaient de bons vivants.

Lors point de presse factieuse
Pour transformer le bien en mal;
Une chronique, assez joyeuse,
Était leur unique journal.
    Bons vieux temps, etc.

En chantant, d'aimables trouvères
Se promenaient de cour en cour;
Les châtelaines peu sévères
Accueillaient les servans d'amour.
Dans les manoirs, avec mystère,
Ils savaient diriger leurs pas :
L'amant heureux savait se taire,
L'époux trompé n'y voyait pas.
    Bons vieux temps, etc.

Le castel ainsi que le chaume
Ne voyaient pas de collecteur ;
Chacun, pour le bien du royaume,
Donnait son tribut de bon cœur.
Les princes n'étaient point avides
De la fortune des sujets;
Un ministre avait les mains vides,
On connaissait peu les budgets.
    Bons vieux temps, etc.

Moines bien frais, au réfectoire
Se rendaient, non pas pour prier;

Jamais, en pintant, dans leur boire
Ne coulait l'eau du bénitier.
Si maints prélats donnaient la preuve
D'un amour un peu trop mondain,
En venant consoler la veuve,
Ils ne pillaient pas l'orphelin.
Bons vieux.temps, etc.

Jamais pour de sottes querelles
Ne s'armaient alors les guerriers,
C'était pour Dieu, l'honneur, les belles,
Que combattaient les chevaliers.
Lorsque la patrie en alarmes
Tintait son sinistre beffroi,
Chaque parti courait aux armes,
Et se rangeait près de son roi !

Bons vieux temps disparus
Et traités de chimères,
Age d'or de nos pères,
Ne reviendrez-vous plus ?

JUSTIN CABASSOL.

Chez l'Éditeur, rue Notre-Dame-de-Nazareth, 32.

Imp. de A. APPERT, passage du Caire, 54.

MOELLON

OU

L'ENFANT DU BONHEUR.

CHANSONNETTE COMIQUE

Chantée par M. ACHARD,

Au Théâtre du Palais-Royal.

Paroles et Musique de M. EDOUARD DONVÉ.

La Musique chez M. Colombier, 6, rue Vivienne.

Mauvais' tête et bon cœur,
J' suis l'enfant du bonheur;
Nom d'un cœur,
J' suis l'enfant du bonheur,   (bis.)
Rrrrrrlon flon flon flon   (bis.)
V'la moëllon le luron, le luron,
V'là Moëllon le maçon !
V'là Moëllon le luron.

Papa s'app'lait caboche
Et moi je m' nomm' Moëllon,
Quand j'ai quat' sous en poche;
J' dis c'est pour un flacon,
Toi riche qu'on révère,
J'envie pas ta splendeur ;
Car dans tout sur la terre
J'suis l'enfant du bonheur.

3° v.   **1843**   16° livraison.

(*Parlé.*) Comme j'étais né avec le goût des beaux-arts, papa m' dit : tu feras du mortier, et v'lan', y m' fait entrer chez le père TABAC, tailleur de pierres, en qualité de premier clerque ; une fois à l'étude, dès quatre heures du matin, on m' chantait la romance : (*criant*) Moëllon, un' truellée au sable ! gaché serré, c'était dur, surtout l'hiver, mais c'est égal, l'heure du déjeûner arrivait sensiblement ; ça n' m'empêchait pas d' dire en égrugeant mon pain sèche, ombragé de raisiné.....

Mauvais' tête et bon cœur, etc.

Pour goûter d' la piquette
Et rejoindre une ami,
J'allais à la guinguette ;
Fêter la saint-lundi,
J' vois un pauvr' sur ma route,
Qui m' dit avec douleur :
De quoi casser une croûte ?...
Ça vous portera bonheur...

(*Parlé.*) — N'oubliez pas un pauv' malheureux tué z'à Auslerlitz, s'il vous plaît ? — Justement ce jour-là j'étais t'en fonds... j'avais huit sous, coupons-les en deux, faut soigner l' réservoir ; tiens, l'ancien, voilà les 'quat' z'autres, ne fais point de folies et fausses spéculations ; j' suis l' mendiant pour jouir de sa r'con-

naissance, je l'entends qui s' dit : — Qué canaille!
quat' sous, y pouvait m'en donner huit, y les avait...
— l' poing m' démangeait..... motus, j'ai fait l'aumône
à un coquin, c'est vrai, mais j'aurais pu laisser mourir de faim un honnête homme...

Mauvais' tête et bon cœur, etc.

>   Me voyant en ribote,
>   Un dandi sans façon,
>   Me r'passe une calotte;
>   En garde polisson,
>   J' m'aligne, le bon apôtre,
>   M'poche un œil en douceur;
>   Y pouvait m' crever l'autre,
>   Je suis l'enfant du bonheur...

(*Parlé.*) C'est donc comme ça que ça se joue, marche à moi, et nous allons parler d'amour; v'lan, j'y
enlève un copeau, c'est cinq sous... y descend la garde
en criant : — On n' tape pas par terre... c'est juste,
généreux comme Néron... r'lève toi, feignant.....

Mauvais' tête et bon cœur, etc.

>   Comme le chat qui voyage,
>   Je perche sur les toits;
>   Et quand j'ai de l'ouvrage,
>   J' suis heureux comm' dix rois.

> Mais v'là qu' sur une rigole
> J' manqu' d'un pied par erreur.....
> De mon toit j' dégringole ;
> J' suis l'enfant du bonheur.

(Parlé.) Patatra, j' pique une tête d'un cinquième, mais je n' la perds pas, car je crève la capote d'un cabriolet qui passait d'ssous ; j' tombe sur le coussin !... Cocher, à l'heure..... à la Bourse..... je veux savoir le taux de la rente ! file à mort, c'est toi qui régale, à bas les Omnibus, et vive le pavé de bois !.....

> Mauvais' tête et bon cœur,
> J' suis l'enfant du bonheur ;
> Nom d'un cœur,
> J' suis l'enfant du bonheur, (*bis.*)
> Rrrrrrlon flon flon flon (*bis.*)
> V'là Moëllon le luron, le luron,
> V'là Moëllon le maçon !
> V'là Moëllon le luron.

Propriété de l'Éditeur.

A GENOUX DEVANT LA BÈAUTÉ.

Air nouveau de Pilati (Madame Favart).

O femme ! c'est toi que je chante,
Dieu te fit pour notre bonheur ;
Les accents de ta voix touchante
Pénètrent doucement le cœur.
Idolâtre de tant de charmes,
Je t'admire avec volupté ;
Tout ici bas te rend les armes :
A genoux devant la beauté !

Qu'importe que l'homme gouverne,
N'as-tu pas vraiment le pouvoir ?
Puisque l'amour te le décerne,
Vainement nous croyons l'avoir.
Des mortels, Platon, le plus sage,
Se trouva désorienté
A l'aspect d'un joli visage.
A genoux devant la beauté !

Voici l'arbre de la science :
Ne touchez point à son produit.
Eve brûlant d'impatience.
Tend la main et cueille le fruit.
Sans la femme, ingrats que vous êtes,
Et sans la curiosité,
Vous seriez encore plus bêtes.....
A genoux devant la beauté !

Frères, nous dit la foi chrétienne,
Priez la Vierge, tous les soirs,
Je sais qu'il n'est rien qu'n'obtienne
Du Seigneur, Marie aux yeux noirs ;
Lorsqu'émue, elle vient en aide
Au pauvre pécheur contristé,
La colère divine cède.
A genoux devant la beauté !

Par les Anglais, que Dieu confonde,
Quand notre sol fut profané,
De crétins une race immonde
Régnait..... Pays infortuné !
Au cœur des Dunois, des La Hire
Le désespoir seul est resté ;
Mais Jeanne-d'Arc sauve l'Empire !
A genoux devant la beauté !

Sur le revers de la médaille
Je me tais... vous savez pourquoi :
Il n'est pas de chanson qui vaille
L'amante que je perdrais, moi !
Plus d'un Boileau, par impuissance,
Fut contre le sexe irrité ;
Nous, dont il fait la jouissance
A genoux devant la beauté !

EMILE VARIN,
du Caveau.

OUI MONSEIGNEUR.

Musique d'Aristide de Latour.

Oui, monseigneur, je suis jolie,
J'ai seize ans et de grands yeux bleus;
On doit m'aimer à la folie
Oh! je suis un ange des cieux!

J'aimerais votre doux langage,
Ce doux langage est si flatteur,
    Mon beau seigneur!
Mais je trouve au village,
Le vrai bonheur,
    Oui monseigneur.

Oui, monseigneur, j'ai plus de grâces
Que les beautés de vos palais;
Oui, tous les cœurs suivront mes traces,
On ne me trompera jamais.
    J'aimerais, etc.

Oui, monseigneur, dans la vallée
J'irai le soir cueillir des fleurs,
J'irai sous la voûte étoilée
Effacer leurs riches couleurs.

Vraiment, vraiment votre doux langage,
Ce doux langage est bien flatteur.
    Oui Monseigneur!
Mais je trouve au village,
Le vrai bonheur,
Oui Monseigneur!

ARSÈNE GOUÉT.

LE TASSE.

ROMANCE HISTORIQUE.

MUSIQUE DE M. SANA.

La Musique se trouve rue N.-D.-de-Nazareth, 32.

Assis au pied du Capitole,
Le Tasse, pauvre et languissant,
Confiait aux enfants d'Eole
Les plaintes d'un malheur récent,
Au loin le nom d'Eléonore
S'exhalait avec ses sanglots,
Et du Tibre, sa voix sonore
Faisait répéter aux échos :

« Sortez, sortez de ma triste mémoire
Jours de regrets, d'ennuis et de douleur !
Jouet du sort ! à mes vingt ans de gloire,
Je n'ai pu joindre un seul jour de bonheur.

« Dans Ferrare, la renommée
M'avait donné de vils flatteurs:
Par mes chants, la beauté charmée
Me promettait mille faveurs.
Mais dans l'exil traînant ma vie,
Cet espoir ne m'est plus permis ;
Ici, je n'ai plus de patrie,
Plus de maîtresse, plus d'amis.
    « Sortez, etc.

« Prince hautain, dont l'ironie
De tant d'affronts sut m'abreuver,

Ignorais-tu que mon génie
Jusqu'à toi saurait m'élever ?
Ta sœur, à ma main défaillante,
Sans honte aurait pu s'allier,
Car j'apportais à mon amante
Une couronne......de laurier.
        « Sortez, etc.

« Déjà ce jour à mes yeux brille !
Vois-tu ces portiques, ces fleurs ?
Des Scipion et des Camille,
On me décerne les honneurs.
Oui, celui que ta haine opprime,
De pourpre va se voir orné :
On prépare pour la victime
Un char que des rois ont traîné.
        « Sortez, etc. »

Ainsi le cygne de Sorrente
Sur un trône croyait s'asseoir ?
Mais du temps, la faux menaçante,
Vint encor tromper son espoir.
En vain son triomphe s'apprête :
Il fut pour Rome un jour de deuil.
La palme promise à sa tête
Ne put orner que son cercueil...

Sortez, sortez de ma triste mémoire
Jours de regrets, d'ennuis et de douleur !
Tel fut le Tasse ! à ses vingt ans de gloire,
Il n'a pu joindre un seul jour de bonheur.

                        HENRY SIMON

MON HABIT NOIR.

Air : de Fanchon.

Redingote commode,
Restez dans la commode ;
  C'est décidé,
   Soyons guindé :
Faisons de la toilette.
Dans un salon je vais le soir,
Pour suivre l'étiquette,
J'ai mon bel habit noir.

Lison, dans ma tenue,
M'aperçoit dans la rue,
  C'est un bijou
   Dont je suis fou !
Quel embarras extrême,
Elle a sur la tête un mouchoir !
Evitons qui nous aime,
J'ai mon bel habit noir.

  Quel est ce personnage
  Qui vient sur mon passage ?
   Dieu ! quel malheur !
   C'est mon tailleur !

Vers moi le traître avance ;
Il est bercé d'un fol espoir :
Payons le... d'espérance,
J'ai mon bel habit noir.

Parfois ma main discrète
Donnait presqu'en cachette
   A l'indigent,
   Un peu d'argent.
Aujourd'hui sur ma route,
Quand un pauvre veut m'émouvoir,
Son aspect me dégoûte :
J'ai mon bel habit noir.

Viens-t'en à la Chaumière,
Me dit mon voisin Pierre ;
   Nous danserons,
   Boirons, rirons ;
— Pierre, je me retire ;
J'ai des affaires, au revoir :
C'est trop commun de rire,
J'ai mon bel habit noir.

Quand je suis sans toilette,
Je me crois un poète ;
   Modestement,
   Je vais rimant.

Föin de la modestie,
Du mérite, c'est l'éteignoir!
Je me crois du génie,
J'ai mon bel habit noir.

Je vois l'ami Silveste.
Quel genre! Il est en veste:
    C'est un garçon
    Trop sans façon.
S'il allait se permettre
De me parler, quel désespoir!...
Ça va me compromettre,
J'ai mon bel habit noir.

Que vois-je! Chacun, leste,
Me fuit comme la peste;
    La vanité
    M'a donc gâté?...
Rentrons sans plus attendre,
Je veux être bourreau ce soir;
De mes mains je vais pendre...
Pendre mon habit noir.

JUSTIN CABASSOL.

Chez l'éditeur, rue Notre-Dame-de-Nazareth, 32.

Imp. de A. APPERT, passage du Caire, 54.
Chaque exemplaire non revêtu du timbre de l'éditeur sera poursuivi comme contrefaçon.

LE PÈRE COUPE-TOUJOURS,

MARCHAND DE GALETTE.

SCÈNE COMIQUE.

Chantée par M. ACHARD,

Au Théâtre du Palais-Royal.

Paroles de M. Ernest BOURGET,

Musique de M. J. B. JOSSE.

*La Musique se trouve chez M. Nadaud, 7, galerie de
la Bourse, passage des Panoramas.*

Amateur de la friandise,
Ma galette ici vous attend ;
Venez goûter ma marchandise
Et vous vous en irez content.
Avec elle on a l'avantage
De dîner sans mettre le couvert,
La mie, ell' tient lieu d' potage,
Et la croût' remplac' le dessert.

(Parlé) On la mange dans du papier avec ses
doigts... seul et véritable métal d'Alger de la nature...
Franchipane à monsieur ? voilà ; tarte aux cerises à

3e v.   17e Livraison.

madame? voilà... qu'est-ce que tu dis toi gamin : du flan? on n'en fait pas pour deux liards... et vous mam'selle, de la galette? vous en aurez de la toute chaude, chaude comme votre petit cœur... quat' sur vingt à recevoir... chaud, chaud là... *(Criant.)* Une galette!...

Un sou, deux sous, trois sous, quat' sous,
　Toc, toc, toc, y en aura pour tous,
Cinq sous, six sous, dix sous, vingt sous,
　Toc, toc, toc, y a foul' chez nous.
　　　Vive la galette
　　　Enfants des faubourgs,
　　　Commis et grisette,   (bis.)
　　J' suis l' pèr' Coup'-Toujours.
　　J' suis l' pèr' Coup'-Toujours.   (bis.)

On n' voit pas d'or sur ma d'vanture,
Comm' chez les patissiers nouveaux ;
C'est que je garde ma dorure
Pour ma galette et mes gâteaux.
Malgré ce modeste étalage,
Tout le monde vient m'acheter ;
Bien souvent même un équipâge,
D'vant chez moi vient s'arrêter.

(Parlé.) Aussi, pas de préférence même pour les landaux ; la galette, c'est comme la charte, tous les français sont égaux devant elle... Ah! c'est vous la

modiste? qu'est-ce qui vous faut aujourd'hui ma pratique; dix sous de galette en vingt parts, excusez...— Faites-moi bonne mesure, je donne une soirée et nous n'avons que ça pour rafraîchissements. — Voilà, j'espère que je vous sers en ami. Dites donc jeune homme, mais c'est un sou monaco que vous me donnez là... vous n'en avez pas d'autres? alors rendez le morceau; allons bon, voilà qu'il a mordu dedans; c'est égal, ça sera pour madame... chaud, chaud là... une galette!

Un sou, deux sous, etc.

Je fais un petit bénéfice,
Aussi je ne vends qu'au comptant;
On dit pas d'argent pas de suisse,
Moi j' dis, pas d' galett' sans argent.
Mais cell' pauvr' femm' qui s'approche,
Comm' ses traits sont pâl's, amaigris;
Ell' manqu' d' pain, v'là d' la brioche,
Pour un' fois donnons-la gratis.

(Parlé.) Allons, entrez la bonne vieille... ça n' va donc pas comme vous voulez, dam, il est quelquefois bien dur à descendre ce satané fleuve de la vie; à preuve, c'te pièce qu'on m'a contée de l'Ambigu et que j'ai pas encore pu voir, *le Naufrage du Mont-Vésuve...* en v'là un bateau qui en a éprouvé pour avoir voulu dépasser la ligne qu'on lui avait tracée...

faut qu'il en ait eu bien des malheurs sur mer, pour
-descendre de l'état de vaisseau à celui de radeau...
c'que c'est que d' nous, bein! n'avoir plus équipage...
rien que des tiges de bottes pour nourriture et des
demi-rations de haricots fendus en quatre... c' que
j' vous en dis c'est pour vous consoler... allons man-
gez-moi ça et avalez un petit coup par là-dessus...
voilà qu'on m'appelle... voilà! voilà! pauvr' vieille
elle n'a pas de gite peut-être... prenez-moi c'te petite
pièce vingt sous, ça n' f'ra pas de mal... une galette!

Un sou, deux sous, etc.

❧

> L' soir, je vois de chaque théâtre,
> Descendre un peuple de moutards;
> Vrai public, toujours idolâtre,
> De la galette des boul'vards.
> Qu'est-c' que c'est qu' deux sous d' pât' ferme,
> Pour des gens encor tout chauds;
> Qui viennent d'avaler, d' pied ferme,
> Quatorze actes et trent'-deux tableaux.

(*Parlé.*) UN GAMIN. Oh! regarde donc p'tit sautriot,
mame Phanor qui paye du nanan à son chien *espa-
gneul*... dites-donc, madame, donnez m'en la moitié
de vot' azor.... Madame! madame! — Voulez-vous
bien finir mauvais garnement. — Tiens, qu'est-ce qui
vous parle... madame! (*Chantant.*) Madame monte à

sa tour... mironton, mironton, mirontaine ; eh ! laisse
donc p'tit sautriot, viens donc au Gymnase, elle est
plus cossue. — Connu, connu le calembourg... tu dis
ça parce que tu sais que *le gamin de Paris* aime
Bouffé... — Avez-vous bientôt fini les moutards ? —
De quoi ! de quoi ! n' dirait-on pas qu'y vend l' panthéon... va donc grand pélican, qui coupe son flan,
pour en nourrir tous les passants... tenez, v'là comme
j'ai l' nez fait ! au revoir père Coupe-Toujours.—Filez,
filez, mauvaise graine, c'est pas pour vous que le four
chauffe... une galette !

> Un sou, deux sous, trois sous, quat' sous,
>   Toc, toc, toc, y en aura pour tous,
> Cinq sous, six sous, dix sous, vingt sous ;
>   Toc, toc, toc, y a foul' chez nous.
>   Vive la galette,
>   Enfants des faubourgs,
>   Commis et grisette,
>   J' suis l' pèr' Coup'-Toujours. } (*bis.*)
>   J' suis l' pèr' Coup'-Toujours. (*bis.*)

Propriété de l'Editeur.

LOIN DE FRANCE.

Musique d'Aristide de Latour.

Sur la rive étrangère
Loin de son beau pays,
Il regrettait sa mère,
Sa mère et ses amis.
S'il sentait la brise légère
Effleurer son front exilé,
Son cœur un instant consolé
Redisait sa douce prière :
Volez, zéphirs, volez toujours,
Vers ma patrie et mes amours !

Sur la roche écumeuse
Lorsque venait le soir,
L'âme triste et rêveuse
On le voyait s'asseoir.
Si de son aile indépendante
L'Alcyon caressait les flots,
L'exilé redisait ces mots,
D'une voix plaintive et touchante :
Heureux oiseaux, volez toujours,
Vers ma patrie et mes amours !

Et si dans la bruyère
Une timide fleur,
Comme lui solitaire
Exhalait son odeur,
Les souvenirs de son enfance
Revenaient oppresser son cœur,
Et l'exilé dans sa douleur,
Disait, en songeant à la France :
Heureux parfums, volez toujours
Vers ma patrie et mes amours.

Arsène GOUET.

LA SÉPARATION.

Musique de Paul Henrion.

Au point du jour, dans sa chambrette,
A l'amant qu'elle aima le mieux ;
En pleurant, la tendre Lisette,
Disait au moment des adieux :
— Quand le lien qui nous enchaîne,
Est à jamais brisé par vous ;
Monsieur, ne montrez pas de haine,
Pour nous quitter, embrassons-nous !   (bis.)

Retournez dans votre famille,
Ne consultez pas ma douleur ;
Je n'étais qu'une pauvre fille.
Pouvais-je aspirer au bonheur ?
De quelque riche demoiselle,
Vous allez devenir l'époux ;
Sans intérêt j'étais fidèle,
Pour nous quitter, embrassons-nous !

En fuyant le bruit de la ville,
Après un modeste repas,
Dans les sentiers de Romainville,
Souvent l'amour guida nos pas ;
Un épais rideau de feuillage,
Cachait nos plaisirs les plus doux ;
Nos bois ont perdu leur ombrage :
Pour nous quitter, embrassons-nous !

Ah ! laissez-moi pour héritage,
Ce portrait, par vos mains tracé ;
Mes yeux, en fixant votre image,
Verront plus gaîment le passé.
Je sourirai, dans ma vieillesse,
A notre premier rendez-vous.
Alfred, encore une caresse ;
Pour nous quitter, embrassons-nous !   (bis.)

Edouard Dugas.

LES PERRUQUES IMMORTELLES.

Air : *Alerte, alerte ;* ou : *bataille, bataille.*

Perruque,
Ma nuque,
Peut-être aura recours à toi;
Perruque,   (*bis.*)
Inspire-moi.

Qu'en se moquant, *un jeune-france*
Te traite avec irrévérence;
Sous les boucles, de beaux esprits
Conçurent d'immortels écrits.
Au siècle de Louis.
Perruque, etc.

Bien qu'en perruque, notre Horace (1)
Sut écheniller le Parnasse :
S'il vivait, ses alexandrins
Immoleraient nos *Chapelains,*
Nos *Ronsards,* nos *Cottins* (2).
Perruque, etc.

(1) Boileau-Despréaux.
(2) Noms des principales victimes du judicieux satirique.

Sous une perruque d'ébène,
Le roi de la comique scène,
Molière, ce profond penseur,
Sur *Dandin* jette un trait railleur,
   Et nous peint l'*Imposteur* (1).
     Perruque, etc.

Condé, Luxembourg et Vendôme,
Surent illustrer le royaume ;
Sans le secours des perruquiers,
Sur leurs perruques, ces guerriers
   Semèrent des lauriers.
     Perruque, etc.

Bien qu'il eût la tête en désordre,
Sur le *bonhomme* on n'a pu mordre :
Sous sa perruque de travers
Sont éclos de faciles vers
   Qui charment l'univers.
     Perruque, etc.

Pierre Corneille et Jean Racine,
Sur le Parnasse ont pris racine ;
Ces deux perruques de talent
Feraient la queue évidemment
   Aux tondus d'à présent.
     Perruque, etc.

(1) Premier titre donné à la pièce du *Tartufe*.

Chaulieu, Lafare et Saint-Aulaire,
Quoiqu'en perruque savaient plaire;
De la plus galante des cours,
Leurs coiffures et leurs discours
   Captivaient les amours.
      Perruque, etc.

Pirou que tout grivois reluque,
Mit des grelots à sa perruque;
Avec les Collé, les Gallet,
Il but, composa maint couplet,
   Et fit rire le guet.
      Perruque, etc.

Sous une perruque, Voltaire,
Instruisit, éclaira la terre :
Il lui fallut un fier toupet,
Pour faire au Pape (4), qu'il aimait,
   Goûter son *Mahomet*.

      Perruque,
      Ma nuque,
Peut-être aura recours à toi,
      Perruque,   (*bis*)
      Inspire-moi.

Justin Cabassol.

(4) Benoît XIV, pape progressif, qui eut le bon esprit d'agréer
l'ouvrage de ce satané Voltaire.

LES CAUSERIES DU SOIR.

ROMANCE.

Chantée par M. Joseph KELM.

Paroles et Musique de M. FRÉDÉRIC BÉRAT.

La Musique se trouve chez M. Schonenberger, boule-
vart Poissonnière, 18.

Dans un ciel pur, voyez là bas,
Déjà du soir l'étoile brille.
Du bon vieillard qui suit les pas?
Qui vient causer sous la charmille?
Par des récits chers à mes cheveux blancs,
Notre soirée encor sera remplie,
Sera remplie...
Heureux qui peut, ô mes enfants,
Par un beau soir, à soixante ans,
Devant Dieu raconter sa vie.   (bis.)

Dans les plaisirs et les leçons
S'est écoulé tout mon jeune âge;
Jadis aussi, dans les moissons,
J'ai réclamé ma part d'ouvrage.
Je le savais : le pauvre, dans nos champs,
Se trouve heureux des épis qu'on oublie,
Qu'on oublie...
Heureux qui peut, etc.

J'avais vingt ans, quand un beau jour,
On entendit un cri de guerre,
Pour les combats, avant mon tour,
J'ai fui village, amis et mère.
Trente ans plus tard, j'ai du quitter les camps;
J'aurais voulu mourir pour ma patrie,
Pour ma patrie!...
Heureux qui peut, etc.

A vous le riant avenir,
A vous les rêves de l'enfance.
Être vieux, c'est se souvenir...
C'est vivre aussi plein d'espérance!
Une âme pure, à toute heure, en tout temps,
Est dans le ciel toujours bien acceuillie,
Bien acceuillie....
Heureux qui peut, ô mes enfans,
Par un beau soir, à soixante ans,
Devant Dieu raconter sa vie.   (bis.)

Chez l'Éditeur, rue Notre-Dame-de-Nazareth, 32.

Imprimerie de A. APPERT, passage du Caire, 54.

LE PAUVR' P'TIT ÉLOI.

SCÈNE COMIQUE NORMANDE,

Chantée par M. PAUL BONJOUR.

Paroles de M. Ch. LETELLIER,

Musique de M. A. MARQUERIE.

La Musique se trouve chez M. NADAUD, 7, galerie de
la Bourse, passage des Panoramas.

Plaignez-moi m's amis,
Car j'ai ben des peines;
J' les compt' par centaines,
Plaignez-moi m's amis,
Ah! oui!...
C'est l' sort qui m' poursuit,
Le jour, le jour et la nuit;
C'est l' sort qui m' poursuit,
Le jour et la nuit!

Du soir au matin
Je n' fais que d' me plaindre,
Du jour au lendemain
On n'entend qu' moi geindre.

3ᵉ v.   18ᵉ Livraison.

Savez-vous pourquoi?
C'est que j' sis ben laid,
Est-ce ma faute à moi
Si j' sis contrefait?

(Parlé.) Oui! est-ce ma faute à moi si j' sis bancal, crochu, tortu, bossu, si j'ai l' visage comme un' écumoire, la bouche comme un entonnoir, le nez en pied d' marmitte, les ch'veux comme un paquet d' filasse, et les yeux percés à coups d' vrille... Qué qu' vous en dites?... et vous craiyez qui n'y a point là d' quoi s' déballer... Ah! qu'oui allez, aussi quand j' sis tout seul, tout fin seul, loin d' tout l' monde, dans n'un p'tit coin... je m' dis tout haut, dans man p'tit raisonnement... mais à quoi qu' mon père et ma mère pensaient quand y m'ont baillé le jour... y z'avaient l' cauchemar, c'est sûr; hein! j' vous l' demande?... ah!!!...

Plaignez-moi m's amis, etc.

Dans la farme où j' sis,
J' sommes deux domestiques;
L'un toujours bien mis,
L'autr' des plus rustiques.
L'un toujours gaillard,
Ne pens' qu'à chanter;
L'autr' toujours pleurard,
N' fait que s' lamenter...

(Parlé.) Celui qui s'amuse toujours, c'est pas moi... c'est man camarade... GUILLAUME... un grand bel homme à qui qui n' manque rien... la nature l'y a donné d' tout's sortes d' choses à suilà... aussi la maîtresse qu'est veuve, d'puis la mort de son mari qu'est défunt, et qui s'y connaît... est alle toujours après... GUILLAUME par-ci... GUILLAUME par-là... avez-vous déjeuné?... y fait ben chaud... n' travaillez point tant, soignez-vous ben... patati... patata... Ah! Dieu! la maîtresse qu'est si gentille, si mignonne, si avenante, si alle m'en disait autant... crédié!... si alle m'en disait les trois-quarts autant, la moitié, le quart, le d'mi-quart, le quart du quart... j' li dirais, oh!... mais non alle m' dira rien, pi qu' c'est man camarade qu'alle aime... ah!!!...

Plaignez-moi m's amis, etc.

Quand j' trouve l' minois
D'un' jolie p'tit' fille,
Drès que j' l'aperçois,
J'ai l' cœur qui m' sautille ;
J' la r'garde tout joyeux
Aller san p'tit train,
Quand j' la perds des yeux,
J' continue man ch'min...

(Parlé.) C'est si gentil... une femme... ça vous a

d' si drôles de p'tites façons... en v'là un amour d' bétail que j' voudrais ben apprivoiser... d'abord j' donnerais tout c' que j'ai pour n' n'avoir eune... j' n'ai rian, mais c'est égal... Oh! j' s'rais si cotent l' dimanche de n' n'avoir eune à moi... à moi tout seul... avec qui qu' j'irais m' promener côte-à-côte, bras d'ssus, bras d'ssous, sa main dans ma main comme une paire d'amis... après vêpres, j' danserions ensemble sous l's arbres ou ben j'irions cueillir des noisettes et des fraises dans le p'tit bois aux lapins... eh! eh!... et pis le soir à la veillée avec l's autres, j' jouerions à *muche muche Nicolas...* à la *cligne musette...* et pis à ce p'tit jeu ousqu'on vous met la tête sus les genoux et la main sus l' dos, et qu' tant pus qu'on tape fort, tant pus qu' ça fait rire... vous savez *la main chaude...* *(riant.)* Eh! eh! eh! *(tristement.)* Mais non, y a pas moyen... ah!!!...

Plaignez-moi m's amis, etc.

Est-c' que j' vas rester
Tout seul dans l' village,
Sans pouvoir tâter
Un brin du ménage?...
J' vas sur man chapeau,
Pour le publier,
Mettre un écriteau,
Que j' veux m' marier...

(Parlé.) Au moins j' s'rai affichichet... et si l' cœur
leux en dit aux filles a n'auront qu'à venir, mais
j' n'aurai point c' bonheur là... en fait d' bonheur, j'ai
c'pendant vu l'heure l'autre jour où j'allais en avoir
un p'tit moment... d' bonheur... j'étais monté sur la
bideite à la maîtresse et j' m' n'allais au marché...
quand v'là que j' rattrape MODESTE, la fille au *Frater*...
qui s'en allait à pied tout en trottinant l' long du
ch'min... alle est gentille la fille au *Frater,* bon que
je m' fais, l' père MÉDARD m'a toujours dit qui fallait
m'ner l'amour au grand trot, si a veut monter à cheval, ça va joliment marcher... sitôt penset, sitôt ex-
pliquet... Bonjour mamzelle MODESTE. — *Bonjour
m'sieur* ÉLOI. — Vous v'là allée au marché mamzelle
MODESTE. — *Comme vous voyez m'sieu* ÉLOI. — Y a
encore bé loin mamzelle MODESTE. — *Mais y à près
m'sieu* ÉLOI.—Voulez-vous monter en croupe mamzelle
MODESTE. — *C'est point de r'fus m'sieu* ÉLOI. — Alle
accepte... une... deux, la v'là drière moi, m' tenant à
brasse corps... queu position !... hein ?... j'en étais
suffoqué d' plaisir, j'avais froid, j'avais chaud, je
tremblais, je riais, je pleurais, je n' n'étais tout bête
quoi !... enfin, je r'prends un peu d'aplomb et j' pique
la bidette... la jument part au galop, la fille se r'tient
à moi... alors, c'est l' moment, je m' détourne, ah !
MODESTE que j' li dis, ma p'tite MODESTE, si tu savais
comme j' t'aime, oh !... j' vas pour l'embrasser, a

m' pousse, j' tombe les quatr' fers en l'air... et l' cheval et la fille s'en sauvent ensemble... hein!... queu
chance... ah!!!...

Plaignez-moi m's amis, etc.

Propriété de l'Éditeur.

DORS MON ANGE

AUX JOLIS YEUX BLEUS.

ROMANCE.

Paroles et Musique de M. ARISTIDE DE LATOUR.

*La Musique se trouve chez Mme Guérin, 78, passage
Choiseul.*

Enfant il est bien tard,
C'est l'heure où tu reposes,
L'heure qui voit finir nos baisers et nos jeux ;
Fidèle à ton berceau, sur tes paupières closes,
Le sommeil va jeter ses pavots et ses roses !

Dors mon ange,   (*bis.*)
Aux jolis yeux bleus!
Dors mon ange,   (*bis.*)
Ange aux jolis yeux bleus!

La nuit quand près de moi
Ton berceau se balance,
Comme le frêle esquif, sur les flots onduleux,
J'envie en te voyant, le sommeil de l'enfance;
Ne pleure pas! mes chants te disent ma présence.

Dors mon ange, etc.

Dors, tu sauras trop tôt
Si la vie est amère;
Les heures du sommeil sont les momens heureux!
Des pleurs viendront souvent te mouiller la paupière,
Dors, mais réveille-toi pour sourire à ta mère!

Dors mon ange,   (*bis.*)
Aux jolis yeux bleus!
Dors mon ange,   (*bis.*)
Ange aux jolis yeux bleus!

A L'EAU !

Paroles et Musique de M. FRÉDÉRIC BÉRAT.

La Musique se trouve chez M. SCHONENBERGER , 18,
boulevard Poissonnière.

A l'eau ! à l'eau ! à l'eau ! *(bis.)*
V'là la p'tit' porteus' d'eau, *(bis.)*
A l'eau ! à l'eau ! à l'eau ! *(bis.)*

De ménage en ménage,
Aux gens d' tous les étage,
Dès six heur's du matin,
Je chant' mon p'tit refrain.
 A l'eau ! à l'eau ! etc.

Parmi tous ceux qu' j'appelle,
Pas un' pratiqu' n' vaut celle
D'Ambroise, mon cousin,
D' mon cousin l' marchand d' vin.
 A l'eau ! à l'eau ! etc.

J' n'ai pas, pour la misère,
D'eau moins bonne et moins claire.
Le pauvre est avec moi,
Traité comm' s'rait le roi.

A l'eau ! à l'eau ! à l'eau ! *(bis.)*
V'là la p'tit' porteus' d'eau, *(bis.)*
A l'eau ! à l'eau ! à l'eau ! *(bis.)*

IL FAUT DES HOCHETS AU VIEILLARD !

Air : *Abonné de l'Opéra-Comique.*

Une muse badine et sage
Nous a dit en vers élégants :
« *Il faut des hochets à tout âge* (1),
Ce texte sourit à mes chants.
Imitant sa verve riante,
Je viens pour des couplets sans art,
Faire adopter ma variante :
Il faut des hochets au vieillard !

Selon ce qu'un livre rapporte,
David, prophète couronné,
Au plaisir entr'ouvrit la porte
Du palais à Dieu destiné ;
Ce prince qu'un saint amour touche,
D'un autre amour brigue un regard ;
Un tendron réchauffe sa couche (2) :
Il faut des hochets au vieillard !

Des sommités de son génie
Newton autrefois descendit ;

(M. Salgat. — (2) Abisay.

Au bon sens il fit avanie
Dès qu'il fut un saint érudit.
Ce soleil voisin de l'éclipse,
En voulant percer un brouillard,
S'égara dans dans l'apocalypse :
Il faut des hochets au vieillard !

Louis, l'orgueil de la couronne,
Dote son siècle d'un beau nom ;
Tant qu'il sut occuper le trône,
Des grands Rois il fut le patron ;
Mais son bras à l'état propice,
Cessant d'être son boulevard ;
Se chargea d'un obscur cilice :
Il faut des hochets au vieillard !

On voit le normand *Fontenelle*
De talents et d'âge chargé,
Reprendre une force nouvelle
Pour vaincre un ancien préjugé.
Mais l'esprit gros de rêveries
Sur un luth anti-campagnard,
Il fit, depuis, des bergeries :
Il faut des hochets au vieillard !

Second tome de Lafontaine,
Pannard, digne de l'Age-d'Or,

Ayant passé la soixantaine,
Aimait, buvait, rimait encor.
Parfois dans son humeur falotte,
Il mettait Thalie à l'écart
Pour jouer avec la marotte :
Il faut des hochets au vieillard !

Justin Cabassol

LA JEUNE MALADE

ET LES HIRONDELLES,

Air : *Du rémouleur.* (L. Festeau).

Je vous fais un dernier adieu,
Oiseaux qui désertez nos rives ;
L'automne, à ma poitrine en feu,
Fait sentir les douleurs plus vives.
La mort vient avec les autans
Me couvrir d'ombres éternelles ;
Vous ne reviendrez qu'au printems :
Adieu, timides hirondelles.

Le souffle qui vous fait partir,
Agite et corrompt le feuillage ;

Je le vois tomber, se flétrir,
Comme les fleurs de mon bel âge.
Là bas de verdoyans côteaux
Attendent vos ardeurs nouvelles ;
Moi, j'attends le froid des tombeaux :
Adieu, timides hirondelles.

Enfant, m'a dit un saint vieillard,
Vivre est un feu qui nous épure :
La cendre reste et l'âme part,
Aux champs que la lumière azure.
Oiseaux, ignorez cette loi ;
S'il nous survit des étincelles,
Je doute. O ciel ! pardonnez-moi :
Adieu, timides hirondelles.

Dieu vous préserve de malheurs ;
Partez, agiles voyageuses,
Sur des bords émaillés de fleurs,
Arrivez promptes et joyeuses.
Quand les zéphirs dans nos climats
Sembleront rentrer sur vos ailes,
J'aurai péri sous les frimats.
Adieu, timides hirondelles.

E. HACHIN.

Chez l'Éditeur, rue Notre-Dame-de-Nazareth, 32.

Imprimerie de A. APPERT, passage du Caire, 54.

30 FR. DE RÉCOMPENSE.

CHIEN PERDU !

SCÈNE COMIQUE.

Chantée par M. ACHARD,

Au théâtre du Palais-Royal.

Paroles de M. E. BOURGET, musique de M. JOSSE.

*La Musique se trouve chez M. Nadaud, galerie de la
Bourse 7, passage des Panoramas,*

On a beau rire,
On a beau dire,
Que notre état n'est pas flambant ;
J'dis au contraire,
Que sur la terre
Pour être heureux, indépendant ;
Après l'état d' celui d' rentier,
Y a pas d' plus beau métier !
Qu' l'état d' chiffonnier ! (*bis.*)

(*Parlé.*) A moins d'avoir mille livres de rente.

Y a pas d' plus beau métier,
Qu' l'état d' chiffonnier. } *bis.*

Plantin il faut que j' te dise
L' moyen d'être heureux comme un roi,

3e volume.   19e *Livraison.*

1843

Je vas te montrer sans bêtise,
A vivr' tout comme si t'avais d' quoi ;
Pour un sort beaucoup plus prospère,
Echange ton sort d'ouvrier,
Suis les conseils d'un second père,
Va Plantin, fais toi chiffonnier !

(Parlé.) Vois-tu, que me disait le père POMPONNET, le doyen de l'état, au lieur de t'éreinter au soufflet de la forge, que ne fais-tu comme moi, écoute : je veux un élève et j'ai jeté les yeux de dessus toi, je te céderai moyennant des égards mon fonds et ma clientelle...t'es ambitieux, je l' sais, tu voudrais t' mettre dans les *bitumes*, mais ta liberté, tu n'y tiens donc pas à ta liberté ? tandis qu'avec moi et ta médaille, la voie publique t'honore et t'appartient... Tu grattes, tu fouilles là ous que tu veux, le premier minisse de la guerre lui-même a pas le droit de t'empêcher de vaguer à tes occupations... et le soir quand tu soulèves les chiffons, ferrailles, verres cassés et autres produits chimiques... Tu as la satisfaction de chanter en trouvant un couvert ou un billet de banque.

On a beau dire, etc.

Là d'ssus, j' vas prendre une médaille,
J'achète une hotte, un crochet.
Me v'là négociant en trouvaille,
Lanterne et chien rien n' me manquait.
Pour mes six francs vingt-cinq centimes,
Je mont' mon établissement ;
Pour mettre en pratique ses maximes,
Pomponnet, m'emmène en chantant.

(*Parlé.*) Nous voila partis..tout à-coup le père Pom-
PONNET me dit : PLANTIN ! connais-tu le retour du bâton ?
non... que j' dis, père POMPONNET... Je n' connais que
le retour de l'enfant prodigue.— Eh bien, en voila un.
— Un bâton. — non regarde. — Je me retourne et
j'aperçois un épagneul bien peigné qui ratissait avec
son petit nez la marchandise du coin de la borne. —
V'la c' qui nous faut, empoigne l'animal. — Je saute
dessus et j'allais le mettre dans la corbeille, quand il
me redit. — A présent arrive aux affiches. — Il approche sa lanterne du mur et y regarde. — fameux !
qu'y s'écrie : v'là notre affaire... tout ce qui reluit n'est
par or, mon garçon et la preuve c'est que nous venons
de trouver un *Bijou...* quadrupède !

On a beau dire, etc.

♫

Lis : Trent'francs de récompense!
A c'lui qui rapportera
Un épagneul, rue Richepanse,
Perdu passage de l'Opéra.
— Vois, si ça n' s'rait pas un caniche ?
—Non, c'est un épagneul charmant!
—Approch' promptement de l'affiche
Lanterne et chien, suis l'signalement..

(*Parlé.*) *Robe blanche, oreilles longues ;* robe blanche, oreilles longues... c'est bien ça. — *Tache de café
sur le dos.* — Tache de café sur le dos... Bon ! —*Double nez ;* — Double nez... fameux ! — *Il répond au
nom de bijou.* —(Appelant.) BIJOU ! y n' dit rien, BIJOU !
ah ! il aboie. — J' crois bien tu l'étrangles à force de

le serrer. — C'est égal, ça doit être Bijou. — *courte queue.* — Courte q.... Ah! cré nom père Ponponnet, elle est longue comme une ligne d'omnibus. — Plantin! l'argent perd l'homme, v'là mon couteau, pour trente francs on peut bien en couper un peu... voyons l'adresse! *Demander madame Boudin concierge ; en route* pour la rue Richepanse.

On a beau dire, etc.

Pour porter l' chien, j' brav' la fatigue
Et le voyant détérioré
Je me disais ; c'est l' chien prodigue,
Qui r'vient chez lui dénaturé.
Arrivé d' vant la port' cochère,
Il poussait d' petits z'hurlemens ;
Ah! qu'il est doux d' rendre à sa mère,
Cett' pauvre bête pour trent' francs.

(*Parlé.*) La porte S. V. P. *Bsigue Baound!* nous v'là entrés... mame Boudin, suisse? *C'est moi, messieurs,* que nous répond une vieille à tête en moule de pipe, avec une fanchon. — *mame,* nous venons pour un chien qu'on a perdu sous le nom de *Bijou,* et qu'on réclame sur le prix de trente francs. — *Eh! bien en v'là un' drôle de chose,* — qu'elle nous dit. — *Le chien de mame Briffot,* elle en a du bonheur c'te pauvr' chère dame ; elle l'a perdu avant z'hier et on lui en a déjà rapporté *sept* dont un d' vrai qu'était l' sien ! Mais dites donc, j'en ai perdu un, moi, il y a six jours et pas affiché encore, n'y a garde qu'on me l' rapporte c' pauvre *Bouiboui ;* mais dites donc ; dites donc, v'là l' vôtre qu'y remue au nom de Bouiboui, mais le v'là Bouiboui !!... viens mon chou, mon lou lou, mon cœur

cœur... mais qué qu'il a à c'theure... comme y s'tor
tille... et sa queue.... oh! quelle horreur, monstres
d'hommes, ça n' respecte rien; comment Bouiboui tu
t'es laissé faire par ces *créminels*. Sortez sans cœurs,
sortez... ou j'appelle les casernes et la garde nationale.
— Et moi j'disais, en v'là une course pour avoir des
mots, *la v'là la queue de vot' Bouiboui*, si vous y tenez
tant faites-là empailler... Mais c'est égal, je prendrai
ma revanche; car :

On a beau rire,
On a beau dire,
Que notre état n'est pas flambant ;
J' dis au contraire,
Que sur la terre
Pour être heureux, indépendaut ;
Après l'état d' celui d' rentier,
Y a pas d' plus beau métier ! !
Qu' l'état d' chiffounier.

(*Parlé.*) A moins d'avoir vingt mille livres de rente.

Y a pas d' plus beau métier,   } *bis.*
Qu' l'état d'chiffonnier.

Propriété de l'Editeur.

LETTRE A MARIE.

ROMANCE.

Paroles et Musique de M. Frédéric BÉRAT.

*La Musique se trouve chez M. Schonenberger, 18,
boulevart Poissonnière.*

———◄●●►———

Je t'ai promis, quand tu quittas la France,
   Marie, un doux chant d'espérance ;
   Je tiens ma promesse en ce jour.
Puissent mes vers te peindre ma souffrance,
Et de mon cœur rapprocher ton amour !

La fleur hélas ! que tu m'avais donnée,
   A ton départ était fanée...
   Ne te ris pas de ma frayeur :
Je crois parfois y voir ma destinée,
En te quittant, j'ai cru perdre ton cœur !

Reviens, reviens, sans plus te faire attendre,
   Reviens, j'ai besoin de t'entendre
   Jurer que tu m'aimes toujours.
On en voit tant d'amantes au cœur tendre,
Pendant l'absence hélas ! changer d'amours !

Pour ton retour j'ai des chansons nouvelles,
   Bien plus tendres et bien plus belles
   Que celles que tu sais déjà.
Matin et soir, je ne chante plus qu'elles,
Tant j'ai d'amour pour qui les inspira !

LA PRÉVOYANCE.

Air :De la neige. (E. Debreaux.)

Assez long-temps, en joyeux sans-souci,
J'ai fait sauter ma vaisselle de poche :
Je suis garçon ; mais demain, Dieu merci,
J'épouse Lise, et Lise est sans reproche.
Que parmi vous, messieurs, plus d'un vaurien
Jette sur moi la maligne épigramme;
Pour s'amuser, qu'il mange tout son bien;
Moi, maintenant, qui n'ai presque plus rien,
   Je le conserve pour ma femme.

Dans nos salons, comme au quartier latin,
Grâce au progrès qui tous nos émancipe,
Le bon ton veut que le sexe lutin
Fume aujourd'hui son cigare ou sa pipe.
O mes amis! que je serais flatté
Si ma moitié singeait la grande dame!
Aussi quelqu'un, l'autre jour, m'a prêté
Un brûle... bouche assez bien culotté
   Je le conserve pour ma femme.

Ma vieille tante, en mourant, ma laissé
Un sansonnet pour unique héritage ;
Un savetier m'en offrait, l'an passé,

Trois francs dix sous et me laissait la cage.
Vendre un oiseau qu'on m'apporta du Pecq,
Pour le priver du peu d'air qu'il réclame,
Oh ! non, jamais ! j'aurais le cœur trop sec ;
Il dit si bien : « Veux-tu taire ton bec ! »
  Je le conserve pour ma femme.

J'avais jadis un caniche à poil ras.
Et vous savez si l'espèce en est rare.
Nous nous aimions ; mais, un matin, hélas !
Mon chien se noie au milieu d'une mare.
Les souvenirs parfois savent toucher :
Il m'en reste un de mon pauvre Pyrame :
C'est un gourdin, que j'ai soin de cacher,
Qui l'empêcha bien souvent de broncher :
  Je le conserve pour ma femme.

En visitant mon trousseau, lundi soir,
J'ai retrouvé, sous une vieille veste,
Un drap de lit, qu'un jour de désespoir
Je préparai dans un dessein funeste.
Son aspect seul peut, je crois, attendrir
Tel qui rirait au dénoûment d'un drame :
Il était là, tout prêt à me servir,
Non pour coucher, mais pour m'ensevelir :
  Je le conserve pour ma femme.

E. BERTHIER.

L'ENSEIGNE ET LA MAISON.

Quand tout s'empaquète
Ab hoc et ab hac,
Toujours l'étiquette
Trompe sur le sac.
Là, c'est la chanson
Qui ne fait pas même sourire ;
Ailleurs, un sermon
Qui partout excite le rire.

Faut-il qu'on se plaigne
De la trahison ?
Ce n'est pas l'enseigne
Qui fait la maison.

Vous dont un déboire
Trouble les festins ;
Gardez-vous de croire
Les marchands de vins.
Sur leur contrevent
On lit : Bordeaux, Champagne et Grave,
Et le plus souvent
Ils n'ont que du Surène en cave.

Faut-il qu'on se plaigne, etc.

Cherchant ménagère,
Lorsque l'on s'en va
Dans un monastère
Fondé par Vesta,
Aux dieux immortels
On croit enlever une vierge ;
Mais sur leurs autels
La belle a mouché plus d'un cierge,

Faut-il qu'on se plaigne, etc.

« Le vice est en baisse, »
Nous dit un savant :
« Voyez cette abbesse
» De certain couvent.
» Pour vous amorcer
» Devant le logis de la dame,
» On vient de placer
» Le tableau d'une sage femme.

Faut-il qu'on se plaigne, etc.

Chanteurs qu'on voit prendre
Joyeux étendard,
Croyez-vous nous rendre
Piron et Panard ?
D'un bel écriteau
On affuble en vain sa chapelle,
Ce temple nouveau
N'a pas les prêtres de Landelle !

Faut-il qu'on se plaigne

Au temps où la France
Payait les exploits,
Mérite et Vaillance 
Briguaient seuls la croix.
Mais à la Faveur
Depuis qu'on l'offre à la sourdine,
Ce signe d'honneur
Couvre mainte sale poitrine.

Faut-il qu'on se plaigne, etc.

Ce lieu qui fut comme
L'antre de Baal,
A tort on le nomme
Le Palais-Royal.
Toute royauté
A fui cette terre ennemie,
Et l'œil attristé
N'y voit qu'astuce et qu'infamie...

Faut-il qu'on se plaigne, etc.

Devant une chambre,
Sully, d'Aguesseau,
Sont pour chaque membre
L'aspect le plus beau.
Mais quand je m'y rends,
Je vois qu'on a mis de la sorte
Les sots en dedans
Et les grands hommes à la porte.

Faut-il qu'on se plaigne, etc.

Mortels que Dieu marque
D'un différent sort :
Sujet et monarque
Ont la même mort.
Qu'on s'abrite, enfin,
D'une pyramide ou d'un arbre,
Un lit de sapin
Est aussi bon qu'un lit de marbre !

Faut-il qu'on se plaigne
De la trahison ?
Ce n'est pas l'enseigne
Qui fait la maison.

Henry Simon.

Chez l'éditeur, rue Notre-Dame-de-Nazareth, 32.

Paris. — Imprimerie de A. APPERT, passage du Caire, 54.
Tout exemplaire non revêtu du timbre de l'éditeur
sera poursuivi comme contrefaçon.

LE
POSTILLON DE MAM' ABLOU,

SCÈNE COMIQUE

Chantée par **LEVASSOR**,

Au théâtre du Palais-Royal.

Paroles de M. LEFORT, musique de CLAPISSON.

*La Musique se trouve chez M. J. Meissonnier,
22, rue Dauphine.*

———◆———

LE POSTILLON DE MAME ABLOU, dialogue trouvé au bas de la côte de PONTHIÉRY, par *Jean-Louis* LEPAIL_LEUX, garçon d'écurie, et mis en musique par *Bruno* DUCOBNET, conducteur dit : *la Terreur des Pistons.* *

(Parlé.) — LE POSTILLON. Quens, v'là la diligence qu'arrive!... donn'-moi vît' mes bottes, toi, l'Ecureuil,..... oh! oh! la! la! *(parlant au conducteur.)* Bonjour, M. Latour, vous êtes un peu en r'tard à c' matin, j' rattraperons ça.... vous donnerez un bon pour boire? — L'ANGLAIS. Possillon, comment appelez-vous cet hameau? — Le P. Ça, c'est la farme de mam'ABLOU. — L'A. Oh! mam' BADABLOU! je ne

———

* Le chanteur doit se mettre à cheval sur une chaise pour imiter le mouvement d'un postillon qui trotte.

vois pas sur lé carte BADABLOU. —(Le P. au conduc-
peur.) Dit's-donc, conducteur, vous savez ben lap'tite
Polotte à laquell' que vous faisiez la cour, alle s'a mariée
hier... y a qu' celles-là pour trouver... Donn'-moi mes
guides, toi, l'Ecureuil... j'y avons coupé un' queue
d' chevau dans ses draps, j'avons pus ri, pus ri... et
goblotté donc!.. accroche donc l' palonnier de la grise..
jusqu'à trois heures un' noce d'enfer! donne-moi mon
fouet,.. bon... en route! — L'A. Possillon, je voudrais
bien descendre pour un tout petit chose. — Le P.
Vous irez ben jusqu'au r'lais... allons, toi, hue!
l'Obélisque.....

Dliou, dliou, dliou, dliou,
Dliou, dliou, dliou, dliou,
L' postillon d' mam' Ablou
Jamais ne sommeille,
Il est ardent, il est prudent,
C'est vrai qu'il goblotte à merveille,
Mais en courant la nuit et l' jour,
S'il sait boire il sait faire l'amour.
Le postillon de mam' Ablou
Est un rusé loup-garou.

                                                        } *Bis.*

Mam' Ablou, mon p'tit chou, t'es ma bourgeoise,
De mes yeux amoureux, p'tit' sournoise,
Tu t'régal's et m' dis pus d'un' fois :
Postillon, postillon, que n'es-tu l' bourgeois ?   *Bis.*
      — Tandis qu'il chante, ce roustique,
    Cet air stioupide et bête et sot,
    Il ne tourn' pas son mécanique !..
    Il descend le côte au galop.
    — Hola! hola ! dia, dia, dia.

(Parlé.) — L'A. Possillon, possillon, arrêtez, possillon ! — L. P. Est-c'que ça s' peut dans une descente
ousque... dliou, dliou, dliou. — L'A. Madame, il
était assez bête pour avoir un grand' frayeur. — L.
P. Y a pas d' danger;... y a que là-bas, au trou des
escargots où c' que la Caillarde a varsé avant z'hier à
la même place où l' Grand-Bureau s'est étalé propre-
ment y a pas huit jours....... hors ça n'ayez pas de
crainte. — L'A. Mais je voudrais descendre pour un
tout petit chose. — L. P. Ah! ben au relais, là-bas,
j'ons pas l' temps... allons toi, hue! Général!

Dliou, dliou, etc.

C'est certain, je l' vois ben, j' plais à l'Anglaise,
Et ses yeux amoureux, roug's comm' braise
Semblent me dire en bon français :
Postillon, postillon qu'n'es-tu mon anglais!　　　*Bis.*
— Je crois qu'il court encor plus vite!
Ce possillon est un coquin,
Madame, il se trouv' mal tout suite,
Arrête ou je te tu' faquin!
— Hola ! hola ! dia, dia, dia, dia.

(Parlé.) — L. P. J' peux pas, vous voyez ben qu'
la voitur' pouss' les ch'vaux. — L'A. Je te dis que
madame il veut absolument se trouver mal tout suite.
— L. P. Qu'elle attende un' minute!... dans une heure
où deux et demie j' s'rons au Pousse-Caillou où c' qu'elle
trouvera un vétérinaire. — L'A. Mais madame il est

morte, gueux! — L. P. Qu' voulez-vous qu'j'y fasse, moi? — L'A. Je vais faire un procès-verbal à ton administration. — L. P. Ça n'y fera ni chaud, ni froid, allez, la ministration répond des paquets, mais all' répond pas des voyageurs. — L'A. Et moi je pourrai donc jamais descendre pour un tout petit chose. — L. P. Un moment donc!.... ces satanés Anglais, ça a toujours des... allons, hue... toi, grand vainqueur!.. vous n'êtes donc pus des hommes?.... allonge, allonge!..

Dliou, dliou, etc.

Et les jours qu'sur l' velours mes boutons r'luisent,
D' tous côtés des beautés vienn'nt et m' disent,
    A la barbe de ceux qui sont là :
Postillon, postillon, que t'es donc beau comm'ça !   *Bis.*
    — Je le tuerais, l' diable m'emporte,
    Si j'avais là ma pistolet
    Bien sûr que madame il est morte
    Car son visage il est violet !
    — Hola! hola, dia, dia, dia,

(Parlé.) — L. P. Hola! hola! donc.... — UNE DAME. Arrêtez, conducteur, nous versons. — L'A. Goddam, je vois le trou, nous allons dedans. — L. P. Hola donc!.... dia, uhau!... ah! la la... bou! patatras!... en v'là d' l'ouvrage! en v'là d'la propre!... ah! ben! ah! ben! ah! ben! ah! ben! ah! ben! ah! ben!.. quiens, les jambes

de l'Anglais qui sortent par la portière... ça fait qu'
ses ch'veux et sa figure s'ront de la même couleur. —
L'A. Ah! aye! aye! aye! aye! aye!. où sommes-nous,
possillon?. où sommes-nous? — L. P. Parbleu, nous
sommes versés. — L'A. Ah! scélérat de coquin! —
L. P. Est-ce que vous avez beaucoup de mal? — L'A.
Non, je n'ai qu'un sac de nuit. — L. P. Ah! c'est pas
ça que. — L'A. Mais j'ai aussi un côte enfoncée. —
L. P. C'est rien, allez..... un coup de main, là, vous
autres, feignans...... Est-ce qu'on laisse les amis dans
l'embarras.... allons.... une !... deux !... trois! là, la
v'là r'levée. — L'A. Oh! alors, ouvrez-moi le portière!
que je descende pour un tout petit chose. — L. P. J'ons
pas c' temps-là, si tous les voyageurs en faisaient
autant, on n'arriverait jamais, et les paquets sont
pressés.... allons !... sauvons-nous! sauvons-nous!
allume !... allume !... vigoureux !

> Dliou, dliou, dliou, dliou,
> Dliou, dliou, dliou, dliou,
> L' postillon d' mam' Ablou
> Jamais ne sommeille,
> Il est ardent, il est prudent,
> C'est vrai qu'il goblotte à merveille,
> Mais en courant la nuit et l' jour,   }
> S'il sait boire il sait faire l'amour.   } *Bis.*
> Le postillon de mam' Ablou
> Est un rusé loup-garou.

Propriété de l'Éditeur.

LES BOHÉMIENS DE PARIS.

Ronde chantée au théâtre de l'Ambigu-Comique,

Par M. ADALBERT,

Musique de M. Amédée Artus.

La musique se trouve chez M. J. Meissonnier , 22, rue Dauphine.

.Fouler le bitume
Des boulevards, charmant séjour,
Avoir pour coutume
De n'exister qu'au jour le jour ;
Mais lorsqu'on voyage,
Sur son dos comm' le limaçon
Porter son bagage,
Son mobilier et sa maison :

Vivre d'industrie,
Avoir sa gaîté pour tout bien,
Et voilà la vie
Du vrai bohémien parisien.
Et voilà la vie,
Oui voilà la vie,
Du vrai bohémien parisien.
Voilà la vie, (*bis.*)
Du'vrai bohémien parisien.

   (*bis.*)

Oiseau de passage,
Il fréquente tous les quartiers,
Sans apprentissage
Il fait plus de vingt p'tits métiers ;

Mais l' pain qu'il soutire
Aux bons jobards, aux gens bien mis,
Le soir sans rien dire
Il l' partage avec les amis,

Vivre d'industrie, etc.

Auprès de nos belles
Comme un volcan il est cité,
Pourtant avec elles
Il a très peu de fixité ;
Qu'une brune en ce monde
Lui fass' des traits ou des noirceurs
Il en prend un' blonde
Afin de varier les couleurs.

Vivre d'industrie,
Avoir sa gaîté pour tout bien , } *bis.*
  Et voilà la vie
Du vrai bohémien parisien.
  Et voilà la vie,
  Oui voilà la vie ,
Du vrai bohémien parisien.
  Voilà la vie , (*bis.*)
Du vrai bohémien parisien.

A. DENNERY et GRANGER.

LE BONHEUR DU MENAGE.

CHANSONNETTE

Chantée au théâtre de l'Ambigu-Comique,

par Mlle HORTENSE JOUVE,

Musique de M. Artus.

la musique se trouve chez 'M. J. Meissonnier.

Si d'une union parfaite
Vous souhaitez les attraits,
Ecoutez ma chansonnette,
Elle en donne les secrets.
Notre sexe aima sans cesse
A commander ici bas ;
Le mari, par politesse,
Doit donc lui céder le pas.

Le devoir, le voilà,
C'est le gage
D'un bon ménage ;
Le bonheur, le voilà,
Retenez cett' leçon-là !
Tra, la, la, la, etc.

Entre époux que l'on se garde
D'faire un partage inégal !
Au mari les billets d' garde,
A la femme les billets d' bal.
Le dimanch', si l'on projette
De dîner sur le gazon,

La femm' porte une bell' toilette,
Le mari porte... un melon.

    Le devoir, etc.

Vous tous que l'hymen engage,
Ayez toujours même avis ;
Rien n'est beau comme l'image
De deux époux bien unis.
C'est le vrai bonheur sur terre,
Croyez-moi, car je tiens ça
De feu ma bonne grand'mère,
Qui dans son temps divorça.

    Le devoir, le voilà,
       C'est le gage
    D'un bon ménage ;
    Le bonheur, le voilà,
    Retenez cett' leçon-là !
    Tra, la, la, la, etc.

           A. DENNERY et GRANGER.

J'AIME LE SON DU COR.

CHANSONNETTE.

Musique de M. Aristide de Latour.

Dès le matin, sous le vieux chêne;
Dis-moi, pourquoi viens-tu t'asseoir?
Chiens et piqueurs sont dans la plaine,
C'est la chasse du grand manoir!

Fuyez, fuyez, jeune fillette,
C'est le beau seigneur qui vous guette! } (bis.)
   — Moi, j'aime le son du cor,
Dès le matin dans la prairie.
Moi, j'aime le son du cor,
    Et j'écoute encor.

— Regarde au loin, vois ce nuage,
Le ciel si pur s'est obscurci!
Le vent se lève, oui, c'est l'orage!
Veux-tu rester encor ici?
   Fuyez, fuyez, etc.

N'entends-tu pas sonner la cloche?
C'est la prière... ô! viens suis-moi;
La chasse est là! vois, elle approche...
Chiens et piqueurs sont près de toi!

  Fuyez, fuyez, jeune fillette,
  C'est le beau seigneur qui vous guette! } bis,
    — Moi, j'aime le son du cor,
  Dès le matin dans la prairie,
  Moi, j'aime le son du cor,
  Et je reste encor.

Mélanie WALDOR.

Ah ! que c'est drôle un Amoureux.

Musique de l'auteur des paroles ; ou, air : *Dis-moi donc,*
mon cher Hyppolite.

Maman, dis-moi donc si les hommes
Ressemblent tous à mon cousin ;
Je crains, au point où nous en sommes,
Que son esprit ne soit pas sain.
Depuis que ta bonté propice
Lui permet de m'offrir ses vœux,
Il me fait des yeux en coulisse...
Ah! que c'est drôle un amoureux !

Il ne peut plus tenir en place,
Sans cesse il tourne autour de moi ;
Loin de ses yeux si je me place,
Le pauvre Adolphe est en émoi.
Il ne saute que par secousse
Lorsqu'au bal nous dansons tous deux,
Bien fort il me serre le pouce :
Ah! que c'est drôle un amoureux !

Hier, au salon il s'élance,
M'honore d'un salut profond,
Puis il tousse et fixe en silence
Et le parquet et le plafond ;
Mais tout-à-coup il s'agenouille,
Et m'adressant de doux aveux

Il soupire, hésite et s'embrouille :
Ah! que c'est drôle un amoureux!

Il mange, boit et dort à peine,
Il change et maigrit, ça fait peur ;
Avec moi lorsqu'il se promène,
Il est jaloux et querelleur ;
Tous les garçons, il les dénigre,
Et si je parle à l'un d'entr' eux,
Ça lui donne une humeur de tigre :
Ah! que c'est drôle un amoureux !

L. FESTEAU.

FIN DU TROISIÈME VOLUME.

Chez l'Editeur, rue Notre-Dame-de-Nazareth, 32.
Tout exemplaire non revêtu du timbre de l'éditeur sera poursuivi comme contrefaçon.

§Paris.—Imprimerie de A. APPERT, passage du Caire, 54.